Coffee Barista

커피 바리스타

머 리 말

우리나라에서의 커피시장은 1999년 7월 스타벅스가 서울 이대점을 열면서 점차 돌풍을 일으키며 빠르게 커피산업이 태동하여, 오늘날에는 대기업 프랜차이즈 카페부터 개인 카페까지 전국 어디에서나 흔히 볼 수 있을 만큼 일상생활에서 큰 비중을 차지하고 있으며, 선호도 또한 높아져서 커피공화국이란 신조어까지 만들어질 만큼 커피가 하나의 문화로까지 발전하게 되었습니다.

통계에 따르면, 2016년 세계커피시장 규모는 식품무역량 부문 2위로 6조4041억원이며, 우리나라도 20세 이상의 성인 1인당 연간 커피소비량이 377잔으로 연평균 7%의 성장을 보이고 있다고 합니다.

이제는 좋은 원두로 커피를 만드는 다양한 종류가 개발되어, 어떤 원두를 어떤 기구로 커피를 내리느냐에 따라서 그윽한 커피향기와 맛을 느낄 수 있습니다. 같은 아메리카노라 하더라도 편의점에서는 800원~1,500원, 커피프렌차이즈점은 2,800~4,200원, 그리고 3대 명품원두로 만드는 핸드드립커피는 한잔에 15,000~20,000원을 호가하는 등. 원두에 따라, 커피를 추출하는 방식에 따라서 맛과 그 메뉴의 모습도 차이가 나기 때문에 특별한 맛을 선호하는 커피애호가들이 점점 늘어나는 실정입니다.

이와 더불어 최근에는 커피바리스타에 대한 열풍으로 커피교육과 카페창업, 바리스타자격시험이 시행되었습니다만 커피에 대한 체계적인 지식과 에스프레소머신의 사용방법. 우유스팀방법. 머신사용 후 관리방법 등 전문지식에 대한 혼란과 어려움을 겪고 있습니다.

이 책 제1장에서는 커피재배, 수확 및 가공 등 커피의 기초지식을

제2장에서는 로스팅과 블렌딩에 관한 내용

제3장에서는 커피의 추출방식에 따른 맛과 향미

제4장에서는 에스프레소 추출방법

제5장에서는 세계커피 원산지와 생두의 품질 및 커핑방법 등

커피의 핵심 전문이론과 실제를 다루었으며, 제Ⅱ부에서 매년 출제빈도가 높은 출제예상문제를 해설하여 커피자격시험에 확실하게 합격하도록 구성하였습니다.

많은 젊은이들이 이 책을 통하여 자격을 갖춘 커피바리스타가 되어 커피대중화와 건강한 소비에 기여함은 물론, 나아가 외국으로도 진출하여 이름을 날리는 자랑스러운 커피바리스타가 되시기를 기대합니다.

끝으로 본교재가 완성되기까지 도움을 주신 지구문화사 임직원 여러분께 진심으로 감사드리며, 커피바리스타계 선후배 여러분의 성원을 부탁드립니다.

정유년 가을

필자 씀

차례

Contents

Part Ⅱ 커피바리스타 자격시험 핵심문제 은행

Part I 커피의 이론

1. 커피학 개론
2. 커피 로스팅과 향미 평가
3. 커피의 추출조건과 방식
4. 바리스타
5. 세계의 커피 원산지

Chapter

1. 커피의 이해

1. 커피의 발견과 역사

커피의 발견 유래는 6~7세기경 에티오피아의 어떤 목동에서 비롯되었다는 "칼디(kaldi)의 전설"이 가장 널리 알려져 있다. 아라비카 커피의 기원은 에티오피아의 고원지대 카파(kaffa)지역이다. 힘을 뜻하는 말이기도 한 카파는 커피나무가 야생하는 에티오피아의 지명이기도 하다.

guide

• 칼디의 전설

어느 날 목동인 칼디는 평소와는 다르게 염소들이 갑자기 춤을 추듯 뛰고 달리는 것을 발견하게 되었다. 그는 염소들을 관찰하기 시작하였는데, 염소들이 언덕 숲속의 작은 나무에서 빨간 열매를 먹고 나면 흥분하고 또한 밤에 잠들지도 않았다는 사실을 알게 되었다. 호기심이 생긴 칼디는 직접 열매를 따먹어 보았는데 갑자기 힘이 넘치고 상쾌함을 경험했다.

이에 칼디가 그 열매를 따다가 이슬람 고승에게 가져다주어 고승이 여러 가지 실험에 걸쳐 그 열매가 잠을 쫓는 효과가 있다는 것을 알아냈고 승려들이 수도할 때 음료로 이용하게 되었다.

그 열매는 카베(kahveh) 혹은 카와(khawah)라고 불리는 커피였다고 한다.

커피에 대한 또 하나의 전설이 있다

guide

• 오르마 전설

승려이자 의사였던 오르마는 공주를 사랑했다는 이유로 왕에게 추방명령을 받게 되었다. 산속에서 길을 잃고 헤메다가 새가 먹던 열매를 자신도 먹은 뒤 활력을 찾은 오르마는 그 열매를 치료의 목적으로 사용하여 훗날 성자로 존경받게 되었다고 한다.

2. 커피의 발전

1470년경 아프리카 고원지대 예멘(Yemen)에서 최초로 경작이 시작되었으며 초기에는 약용으로 사용하다가 이슬람 문화권에서 음료로 발전(이슬람의 와인)되었다. 커피(coffee)라는 말의 기원은 고대 아랍어 Qahwah(카와)에서 유래하여 터케어 kaveh를 거쳐 탄생했다고 전해진다.

guide

• 최초 커피묘목을 재배한 나라는 인도 예멘

1650년경 인도의 이슬람 승려었던 바바부탄이 메카로 성지순례를 다녀오면서 이집트산 커피 종류를 숨겨와서 마이소르 지역에 심으면서 인도에 커피가 뿌리내리게 되었다. 당시 유럽에서는 상류층의 기호식품이었던 커피의 소비가 급증하면서 상인들이 커피묘목을 구하는 데 혈안이 되었다.

인도에서 커피가 재배되고 있다는 사실을 알게 된 유럽인들은 또 다른 경로를 통해 확보한 묘목들과 함께 그들의 식민지에 이식한 결과 거대한 재배지로 발전하게 되고 오늘날의 주요 산업이 되었다.

3. 커피의 전파

커피는 베니스의 무역상들에 의해서 유럽에 처음 소개되었다.

1598년 '커피'라는 용어가 처음으로 영어로 등록되었으며 1644년경 커피가 프랑스 마르세이유에 전해졌다. 프랑스 최초의 커피숍인 '카페 드 프로코프(cafe de procope)'가 파리에 문을 열었다.

영국에서는 1650년경 최초의 커피하우스가 유태인 야곱에 의해서 문을 열었으며 1652년 파스콰로제가 런던 최초의 커피하우스를 열었다.

미국에서는 1696년에 뉴욕 최초의 커피숍 '더 킹스암스(The King's Arms)'가 문을 열었다.

이후 일본인 화학자 가토에 의해서 인스턴트커피가 발명되었으며 1899년에 일본에 커피 열풍이 일기 시작하였다.

우리나라에서는 1896년 아관파천 당시 고종황제가 최초로 러시아공사 베베르에 의해 들여온 커피를 마셨다고 전해지고 있다. 그 후 고종은 '정관헌'이라는 서양식 건물에서 커피를 즐겼다고 한다. 당시 커피를 서양에서 들어온 국물이라고 하여 '양탕국'이라 불렀으며, 우리나라 최초의 커피하우스는 '손탁호텔'이다.

4. 커피 식물학

커피나무는 다년생 쌍떡잎식물로 열대성 상록교목이다. 10m 이상 자라지만 나무의 키를 2~3m 정도 유지해 주는 것이 중요하다. 잎은 긴 타원형이고 두꺼우며 잎 표면은 짙은 녹색이며 광택이 난다.

꽃잎은 흰색이며 자스민향이 나며, 아라비카는 5장, 로부스타 5~7장의 꽃잎으로 구성되어 커피체리(Cherry)는 커피꽃이 떨어지고 나면 그 자리에 열매를 맺게 되며 초기에는 녹색으로 익으면서 빨갛게 되는데 이를 체리(Cherry)라고 부르며 길이는 15~18mm 정도이다.

커피나무는 아열대 관목식물이다. 생물분류방식에 의하면 식물계 – 속씨식물문 – 쌍떡잎식물강 – 용담목 – 꼭두서니과 – 코페아속에 속한다.

guide

- 외피 (Outer skin) : 맨바깥의 겉껍질 (외과피)
- 펄프 (Pulp) : 단맛이 나는 과육부분 (중과피)
- 파치먼트 (Parchment) : 생두를 감싸고 있는 껍질 (내과피)
- 은피 (Silver skin) : 생두에 붙어 있는 얇은 막
- 생두 (Bean) : 커피콩
- 센터컷 (Centercut) : 생두의 가운데 나 있는 홈

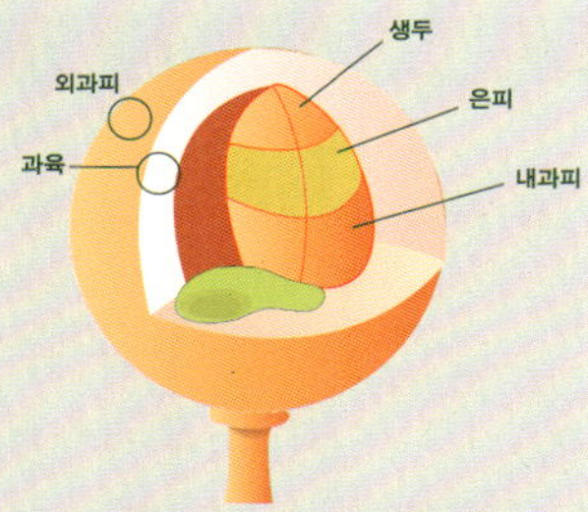

그림 1-1 커피콩의 구조

5. 커피의 품종

아라비카(Arabica)와 로부스타(Robusta)는 커피의 2대 원종이다.

아라비카는 로부스타에 비해 향이 뛰어나며 신맛, 쓴맛, 단맛을 지니고 있는 반면, 로부스타는 향이 약하고 쓴맛이 강하고 카페인 함량도 많은 편인데 아라비카에 비해 재배가 용이하다.

표 1-1 아라비카와 로부스타의 비교

구분	아라비카 (Coffee Arabica)	로부스타 (Coffee Canephora)
원산지	에티오피아	콩고
기록 연도	1753년	1895년
염색체수	44개	22개
기온	15~24℃	24 ~ 30℃
고도	1,000 ~ 2,000m	700m 이하
적정 강수량	1,500 ~ 2,000mm	2,000 ~ 3,000mm
병충해	약함	비교적 강함
체리 숙성기간	6 ~ 9개월	9 ~ 11개월
카페인 함량	0.8~1.4%	1.7 ~ 4.0%
맛	향미 우수, 신맛이 좋음.	향미가 약함. 쓴맛이 강함.
주요 생산국	브라질, 콜롬비아, 코스타리카	베트남, 인도네시아, 인도
생산량	70%	30%

표 1-2 커피의 종류와 특성

종류	특성
티피카 (Typica)	• 아라비카 원종에 가장 가까운 품종 • 콩은 긴 편이고 좋은 향과 신맛을 가지고 있으나 커피잎녹병에 취약함. • 블루마운틴, 하와이 코나가 대표적인 Typica 계통임.
버번 (Bourbon)	• Bourbon섬(현 Reunion섬)에서 발견된 품종 • 콩은 작고 둥근 편 • 수확량은 Typica보다 20 ~ 30% 많음. • 중미, 브라질, 케냐, 탄자니아 등지에서 주로 재배
카투라 (Caturra)	• Burbon의 돌연변이 • 콩의 크기는 소형이며 수확량은 많음. • 풍부한 신맛, 나무 키는 작은 편
문도 노보 (Mundo Novo)	• Bourbon과 Typica(Sumatra)의 자연교배종 • 1950년부터 브라질에서 재배되기 시작 • 환경적응력이 좋고 특성은 Typica와 Bourbon의 중간적 형태 • 나무 키가 큰 것이 단점
카투아이 (Catuai)	• Mundo Novo와 Caturra의 교배종 • 나무 키가 작고 생산성은 높음. • 병충해와 강풍에 보다 강함. • 매년 생산 가능. • 생간기간이 타 품종에 비해 10여 년 정도 짧은 것이 단점
켄트 (Kent)	• 인도의 고유품종으로 높은 생산성, 특히 커피잎녹병(CLR)에 강함.
HdT	• 아라비카와 로부스타의 교배종(Hibrido de Timor) • 커피잎녹병에 강함, 콩의 크기가 큰 편
카티모르 (Catimor)	• HdT와 Caturra의 교배종 • 발군의 성장성과 다수확을 자랑하며 사이즈가 큰 편임.
마라고지페 (Maragogype)	• 1870년 브라질의 한 농장에서 발견된 Typica의 돌연변이 품종 • 콩의 사이즈와 나무 키가 크고 생산성은 낮음.

① 피베리 (Peaberry)

일반적으로 커피열매는 두 개의 콩을 가지고 있으나, 한 개의 콩을 가지는 경우가 있는데 이를 피베리라고 한다. 원인은 유전적 결함, 환경적 요인, 불안전한 수정 등이며 일반적으로 약 10%가 생산된다.

② 몬순커피 (Monsooned coffee)

건식가공 커피를 습한 계절풍에 노출시켜 숙성하여 만든다. 약간 쏘는 듯하며 바디감이 많고 독특한 향을 가진 커피로 인도 말라바르(Malabar)AA가 있다.

6. 커피 재배

(1) 기온과 습도

아라비카종을 지배할 기온은 연간 평균기온이 15～24℃ 정도가 가장 적합하며 서리를 맞지 않아야 한다.

일교차는 최대 19℃를 넘지 않아야 하며 기온이 30℃ 이상이 되면 엽록소가 파괴되고 꽃이 시들게 되어 결실을 제대로 맺지 못한다. 또한 높은 기온에서 발생할 수 있는 커피녹병에 취약해진다. 추위에도 잘 견디지 못하여 4℃ 이하로 내려가면 잎이 시들어 떨어진다.

아라비카종은 60% 정도의 습도가 적당하며 로부스타종은 75% 정도의 습도가 가장 적당하다.

습도가 85% 이상이 되면 커피품질이 떨어질 수 있다. 연간 강우량보다 월평균

강우량이 중요하며 강한 햇빛과 열에 약해서 이를 가려주기도 하여야 한다.

(2) 토양

유기물이 풍부한 화산성 토양의 충적토가 커피경작에 가장 적합하며 약산성 pH 5~6이 좋다.

표토층의 깊이는 뿌리가 충분히 뻗을 수 있도록 2m 이상이 되어야 한다. 배수능력이 좋으면서 물의 저장능력이 좋은 토양에서 잘 자란다.

(3) 강우량

커피나무는 가뭄에는 강한 편이고 꽃을 피우기 위해서는 몇 달 동안의 건기가 필요하다. 아라비카종이 로부스타종에 비해서 뿌리가 깊어 가뭄에 더 잘 견딘다. 재배에 적합한 강우량도 각각 다른데 아라비카종이 1,400~2,000mm, 로부스타종이 2,000~3,000mm이다 .

(4) 지형과 고도

재배와 수확이 용이한 평지나 20℃ 이하의 경사진 지역이 적합하다. 아라비카종은 기온이 낮은 고지대에서 재배되며 로부스타종은 고온다습한 저지대에서 재배된다.

커피는 고지대에서 생산될수록 콩이 단단하고 밀도가 높아 맛과 향이 더 풍부해진다. 고지대에서 생산될수록 신맛도 더 좋아지고 고급으로 취급되어 더 높은 가격이 형성된다.

(5) 일조량

커피나무는 강한 햇볕과 열에 약하다. 그래서 재배에 적합한 일조량은 연간 2,200~2,400시간이다. 일조량이 많은 곳은 잎이 넓은 바나나나 야자와 같은 나무와 함께 심어 그늘을 만들어 주기도 한다.

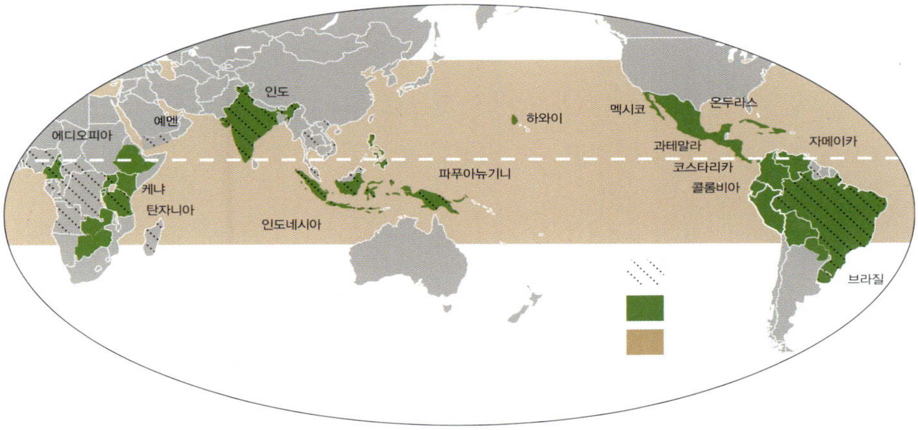

그림 1-2 전세계 커피 지배지

guide

• 커피의 재배에 적당한 기후

연평균 기온이 약 20℃로 기온차가 크지 않으며, 강우량은 연평균 1500~1600mm인 곳이 좋으나, 토양의 배수 능력이나 공기 중의 습도에 따라 약간의 차이가 있을 수 있다. 찬바람과 건열풍이 부는 곳이 적당하며, 서리가 내리는 곳은 커피에 큰 악영향을 끼친다. 토양은 약산성(pH 5~6)의 화산질 토양이 적당하다. 커피 재배지 고도에 따라 그 향과 맛에 큰 차이가 있으며, 해발 600~200m까지 커피가 자란다.

(6) 바람

너무 강한 바람은 잎을 떨어뜨리고 가지를 부러뜨릴 수 있다. 무역풍 해풍과 같은 장시간 지속되는 바람은 나뭇가지를 시들게 하거나 쓰러지게 할 수 있으며 열매를 손상시키므로 경작 시 주의해야 한다.

(7) 번식

발아 커피는 파치먼트 상태로 심게 되는데 씨앗을 모판에 심거나 흙퇴비와 혼합하여 폴리백에 채워 심는다.

(8) 이식

이식은 우기가 되기 전에 하며 심은 지 2년 정도 되면 1.5~2m까지 성장하며 첫 꽃이 피고 3년 정도가 지나면 수확이 가능하다. 경제적인 수령은 약 30년이다.

7. 커피의 수확과 가공

커피열매는 성숙해질수록 녹색에서 점차 붉은색으로 바뀌게 되며, 커피수확은 사람에 의한 수확과 기계에 의한 수확방법이 있다. 사람에 의한 수확방법은 스트리핑(Stripping)과 핸드피킹(Hand picking) 방법이 있다.

그림 1-3 커피나무와 커피열매

(1) 건식법(Dry processing)

체리를 수확한 후 펄프를 제거하지 않고 체리를 그대로 건조시키는 방법으로 물이 부족하고 햇빛이 좋은 지역에서 이용하며 전통적인 방법으로 이물질 제거, 분리, 건조의 3가지 과정으로 구분된다. 건조법으로 생산된 커피를 내추럴 커피라고 한다.

(2) 습식법(Wet processing)

체리에서 과육을 벗겨 내는 작업인 펄핑(Pulping)을 한 후 파치먼트에 달라붙은 끈적끈적한 점액질을 제거하는 방식이 습식법이다. 전통적인 방법인 발효과정이나 기계를 사용하여 점액질을 제거하며 발효시간은 12~36시간이다.

(3) 펄프드 내추럴(Pulped natural)

펄핑을 한 후에 점액질을 제거하지 않고 그 상태로 건조하는 방식으로 브라질에서 주로 사용된다. 건식법과 습식법의 중간 형태이다.

표 1-3 가공방식의 비교

구분	건조식	수세식
과정	이물질 제거 -분리- 건조	분리-펄핑-점액질 제거-세척-건조
장점	생산단가가 싸고 친환경적임.	질이 높고 균일함.
단점	품질이 낮고 균일하지 않음.	환경오염 문제
맛의 특성	단맛, 강한 바디감	신맛
국가	브라질, 에티오피아, 인도네시아 등 대부분의 로부스타 생산국	대부분의 아라비카 생산국

(4) 건조

커피는 60~65% 에 달하는 수분함량을 12%로 낮추기 위해서 건조과정을 거친다. 자세한 분류는 다음과 같다.

1) 햇빛 건조(Sun Dry)

① 파티오(patio) 건조

콘크리트나 아스팔트 타일로 된 건조장을 파티오라고 하며 체리나 파치먼트를 펼쳐놓은 후 30～40분마다 갈퀴로 뒤집어 골고루 건조가 되도록 한다. 건조하는 데 파치먼트는 7～15일, 체리는 12～21일이 걸린다.

② Table Dry

건조대 위에 커피를 펼쳐서 건조하는 방법으로 파치먼트 건조에 주로 사용되며 건조에는 5～10일이 걸린다. 건조시간을 단축시키고 흙과의 접촉을 통한 오염을 막아 줄 수 있으나 더 많은 노동력을 필요로 한다.

2) 기계 건조(Mechanical Dry)

커피가 딱딱해지고 검은색으로 변하는 단계로 수분함량이 20% 이하가 되면 수평의 커다란 드럼으로 기계 건조나 수직으로 된 타원형 건조기에서 40℃ 정도의 온도로 건조하게 된다.

8. 생두의 분류

(1) 생두의 선별

맛있는 커피는 양질의 생두에서 나온다. 양질의 생두를 구분하는 기준 또한 다양하다. 건조가 끝난 생두는 크기, 밀도, 함수율, 색깔 등에 따라 등급이 구분된다. 일반적으로 생두의 크기가 크고, 밀도가 높으며, 10~20%의 함수율을 지닌 밝은 청록색의 생두가 고급품이다.

생두의 함수율은 건조 상태와 관계가 깊다. 따라서 통풍이 잘 되는 상태에서 보관하는 것이 중요하다. 습하고 통풍이 잘 안 되는 장소에 보관하면 곰팡이가 끼고 부패하게 된다.

(2) 생두의 분류

커피는 국가별로 정해진 기준에 따라 분류한다. 대체적으로 생두의 크기, 재배고도, 결점두 수 등의 3가지 기준이 기준이다. 미국스페셜티 커피협회(SCAA : Specialty Coffee Association of America)에서는 국가별 기준이 아닌 자체 기준에 따른다.

1) 생두의 크기에 따른 분류

생두는 크기가 클수록 높은 등급으로 분류된다. 스크린(Screen)이라는 구멍이 뚫린 판 위에 생두를 올리고 흔들어서 밑으로 빠지게 하는 방법을 사용한다.

1 Screen은 1/64inch(약 0.4mm)이다.

1 스크린 사이즈(Screen Size) = 1/64인치(약 0.4mm)

표 1-4 생두의 크기 분류기준

스크린 No.	크기(mm)	스크린 No.	크기(mm)
10	3.97	16	6.35
11	4.37	17	6.75
12	4.76	18	7.14
13	5.16	19	7.54
14	5.55	20	7.94
15	5.95		

스크린 사이즈가 17 이상인 콜롬비아의 수프레모(Supremo), 케냐의 더블에이(Kenya AA)가 커피의 최고등급이다.

표 1-5 생산국별 등급 및 기준

국 가	등 급	기 준(1 Screen = 0.4mm)
콜롬비아	Supremo(수프레모) Excelso(엑셀소)	Screen Size 17 이상 Screen Size 14~16
케냐	AA AB	Screen Size 18 Screen Size 15~16
탄자니아	AA A	Screen Size 18 이상 Screen Size 17 이상~ 18 이하
하와이	Kona Extra Fancy Kona Fancy	Screen Size 19(결점두 10개 이내) Screen Size 18(결점두 16개 이내)

2) 재배고도에 따른 분류

생두의 밀도는 생산지의 고도와 관계가 있다. 일반적으로 지대가 높으면 일교차가 심하다. 햇볕이 뜨거운 낮에는 생두가 커지기 위해 팽창하고, 밤이 되어 기온이 내려가면 수축한다. 이와 같은 현상이 반복되면 생두의 밀도가 높아지고 단단해진다. 밀도가 높을수록 향과 맛이 풍부해진다. 일반적으로 1,200m 이상의 고지대에서 재배된 생두는 고급으로 분류된다.

표 1-6 재배고도에 따른 분류

국가	등급		고도(m)
과테말라	SHB	Strictly Hard Bean	해발 1,400m 이상
	HB	Hard Bean	해발 1,200~1,400m
코스타리카	SHB	Strictly Hard Bean	해발 1,200~1,650m
	HB	Good Hard Bean	해발 1,100~1,250m
멕시코	SHG	Strictly Hard Grown	해발 1,700m 이상
	HG	High Grown	해발 1,000~1,600m
온두라스	SHB	Strictly Hard Bean	해발 1,500~2,000m
	HG	High Grown	해발 1,000~1,500m

3) 결점두 수에 따른 분류

생두에 포함되어 있는 결점두(defect bean : 생두 중에 결함이 있는 콩을 말하며 커피의 수확, 가공, 건조, 보관 등의 전 과정에서 발생한다. 결점두의 종류와 명칭은 지역이나 국가, 단체 등에 따라 상이함)의 숫자에 따라 등급을 부여한다. 생두 300g을 기준으로 결점두 수가 적을수록 등급이 높게 분류된다. 결점두는 커피의 풍미에 좋지 않은 영향을 주므로 커핑이나 로스팅 전에 선별해야 한다.

표 1-7 국가별 결점두 수에 따른 등급

국가	등급	결점두(생두 300g)
에티오피아	Grade 1 ~ Grade 8	3 ~ 340개
브라질	No. 2 ~ No. 6	4 ~ 86개
인도네시아	Grade 1 ~ Grade 6	11 ~ 225개

4) SCAA 분류

일반적인 샘플링은 300g의 생두를 가지고 한다. 하지만 SCAA(미국스페셜티커피협회 : 커피의 기준을 만들고 관련 대회와 전시회를 개최하는 비영리단체) 분류는 350g의 샘플을 가지고 평가한다. 결점두 수와 커핑테스트(Cupping Test)를 통해 맛과 향까지 평가하는데, 다음과 같은 등급으로 분류한다.

표 1-8 SCAA 기준법

등 급	등급 명칭	결점두 수	커핑테스트
Class 1	Specialty Grade	0~5	90점 이상
Class 2	Premium Grade	0~8	80~89
Class 3	Exchange Grade	9~23	70~79
Class 4	Below Standard	24~86	60~69
Class 5	Off-Grade	86 이상	50~59

자료 : 전광수, 이승훈 외, "기초 커피 바리스타", 형설출판사, 2008.

건조가 끝나면 생두의 크기, 색깔, 밀도, 함수율 등에 의해 등급이 구분된다.
생두의 분류는 스크린 사이즈(Screen size)로 분류된다.
스크린 사이즈(콩의 크기)는 No. 20~ No. 8번까지로 구분된다.
스크린 사이즈는 1/64인치로 약 0.4mm이다.

SCAA 분류법(Green Coffee Classification)에 따라 SCAA는 커피를 스페셜티 그레이드(Specialty Grade)와 프리미엄 그레이드(Premium Grade) 두 가지로 분류하는데, 아래의 스페셜티 기준에 부합하여야 하며 다시 결점계수를 환산하여 분류하게 된다.

표 1-9 스페셜티 커피 분류기준

항 목	내 용
샘플 중량	생두 : 350g 원두 : 100g
수분함유량	워시드 방식 10 ~ 12 % 이내, 내추럴 방식 10 ~ 13%
콩의 크기	편차가 5% 이내일 것
냄새	외부에 오염된 냄새가 없을 것
로스팅 균일성	Specialty coffee : Quaker는 허용되지 않는다.
	Premium coffee : Quaker는 3개까지 허용된다.
향미의 특성	커핑을 통해 샘플은 Aroma, Flavor, Acidity, Body
	After taste의 부분에서 각각 독특한 특성이 있을 것
	향미결정이 없어야 한다.

5) 국가별 분류체계

① **결점두에 의한 분류** : 결점두의 종류에 따라 이를 합산하여 등급 결정

브라질, 쿠바, 인도네시아, 파라과이, 에티오피아

② **재배고도에 의한 분류** : 재베고도에 따른 품질 차이로 등급 결정

멕시코, 코스타리카, 과테말라, 도미니카, 자메이카

③ **크기에 의한 분류** : 콩의 크기에 따라서 등급 결정

콜롬비아, 케냐, 탄자니아, 하와이, 인도, 에콰도르

9. 커피 생산 (2006년)

전 세계 커피생산량은 60kg백으로 환산하여 1억 2.278만 백이며 남아메리카가 전체의 약 50%를 차지하며 그 다음 아시아태평양지역, 중미, 아프리카 순이다. 브라질이 세계 생산량의 30%를 차지하며 그 다음이 베트남, 콜롬비아 순이다.

표 1-10 커피의 4가지 기본 맛(Basic Tastes)

맛의 특성		화합물 이름	가용 성분 %
단맛	탄수화물	캐러멜화된 당류	35.0
	단백질	아미노산 및 복합물	4.0
짠맛	산화무기물	산화칼슘	2.1
		산화인	2.1
		산화칼륨	8.4
		산화마그네슘	0.5
		산화나트륨	0.5
		기타 산화물	0.4
신맛	비휘발성 산	카페인산	1.4
		구연산	1.0
		사과산	1.0
		주석산	1.0
쓴맛	알칼로이드	카페인	3.5
		트리코넬린	3.5
	비휘발성 산	카페인산	1.4
	에스텔	클로로제닉산	13.0
	페놀류	페놀 복합산	5.0

10. 커피의 소비

커피는 생산국가에서 일부 소비되고 나머지는 수출로 소비된다. 1인당 소비량을 보면 북유럽 지역에서 가장 많이 마시며, 핀란드, 노르웨이, 스위스, 덴마크 순이다.

우리나라는 성인 1인당 연간 377잔을 마셔서 매일 1잔 이상을 마시는 것으로 조사되었다.

표 1-11 우리나라 커피전문점 주요 브랜드 매장 현황 (2016년)

구 분			메뉴 판매 가격	
국 가	브랜드명	매장수	아메리카노	중량(240mL)
미국	스타벅스	1,107	〃	4,100원
한국	이디야	2,186	〃	2,800원
한국	엔제리너스	957	〃	4,100원
미국	투썸플레이스	916	〃	4,100원
한국	카페베네	821	〃	4,100원
한국	요거프레소	897	〃	3,000원
한국	백다방	629	〃	2,000원
이탈리아	쥬시	1,283	〃	1,500원

11. 생두의 평가

① 뉴 크롭(New crop) : 수확 후 1년 이내

② 패스트 크롭(Past crop) : 수확 후 1～2년

③ 올드 크롭(Old crop) : 수확 후 2년 이상

guide

• 좋은 생두

① **색상** : 짙은 청록색일수록

② **생산지대** : 고지대일수록 (맛과 향이 우수)

③ **품질** : 결점두가 적게 혼입되어 있고 크기가 균일할수록

④ **크기** : 다른 조건이 동일하다면 사이즈가 클수록

⑤ **밀도** : 밀도가 높을수록 (고지대 생산품일수록)

12. 디카페인 커피(Decaffeinated coffee)

1819년 독일의 화학자 룽게(Friedrich Ferdinand Runge)에 의해 최초의 디카페인 제조기술이 개발되었으나 상업적 규모의 카페인 제거 기술은 1903년에 로셀리우스(Ludwig Roselius)에 의해서 개발되었다.

표 1-12　디카페인 커피의 제조공정

종 류	공 정	특 성
용매 추출법	벤젠, 클로로포름, 디클로로메탄, 트리클로로 에틸렌 등의 유기 용매로 카페인 추출	• 용매의 잔류에 의한 안전성 문제 • 카페인의 용해성 • 낮은 비등점과 용매제거의 문제 • 97～99%의 카페인 제거
물 추출법	생콩에 물을 통과시켜 카페인을 제거	• 추출 속도가 빨라 회수 카페인의 순도가 높고 유기용매가 직접 생콩에 접촉하지 않아 안전하고 경제적이며 가장 많이 사용
초임계 추출법	초임계 상태에서 CO는 액체상태가 되며 생두에 침투해서 카페인을 제거	• 유해물질의 잔류문제가 없고 카페인의 선택적 추출이 가능 • 설비에 따른 비용이 많이 드는 것이 단점 • 카페인 함량 0.02% 이하

13. 커피의 성분

커피는 신맛, 단맛, 쓴맛, 짠맛이 조화를 이루며 인간에게 미묘한 쾌감을 주는 기호음료이다. 커피는 통상적으로 카페인, 탄닌, 지방, 광물질 등으로 구성되어 있다. 커피에는 상쾌함을 주며 권태와 졸음을 몰아 내고 활력을 주는 효능과 니코틴을 제거하는 기능도 있다.

원두의 성분은 원두를 볶는 정도에 따라서 양적인 증감현상이 일어난다. 원두를 약하게 볶으면 커피는 신맛이 강하고 맛이 부드러운 특징을 나타내며 원두를 강하게 볶으면 짙은 흙갈색을 띠며 쓴맛이 강해진다. 블렌딩은 또 다른 커피를 혼합하여 새로운 맛을 창조하는 것을 말하며, 블렌딩을 하기 위해서는 단종별로 커피의 특성을 제대로 이해하고 있어야 한다.

14. 우유의 화학적 성질

우유의 단백질은 약 80%가 카제인이며, 그 밖에 락토알부민(Lactoalbumin), 락토글로불린(Lactoglobulin) 등의 유청단백질로 구성되어 있다.

(1) 카제인(Casein)

카제인은 칼슘과 결합하여 칼슘 카제이네이트가 되고 여기에 인산칼슘 등의 염류와 복합체를 형성하여 거대집합체의 형태로 콜로이드상으로 분산되어 있다. 카제인의 등전점은 pH 4.6으로 우유에 산을 첨가하여 등전점에 도달하면 침전한다.

(2) 유청단백질

우유단백질 중에서 카제인을 제외한 단백질을 유청단백질이라고 한다.

락토알부민 및 락토글로불린이 주성분이며 약 80%를 차지하고 있으며, 열에 의해 응고되므로 열 응고형 단백질이며 가용성 단백질이다.

(3) 리보단백질(Lipoprotein)

단백질과 인지질의 혼합물로서 우유 지방구 표면에 흡착되어 지방구의 주위에 안정된 반막을 형성하고 있다. 리보단백질은 우유의 유탁질을 안정화시키고 유화제와 같은 역할을 한다.

(4) 비단백질 질소화합물

우유 중에는 단백질 이외의 질소화합물이 소량 함유되어 있다. 그 양은 우유 전체 질소량의 약 5%이다.

(5) 우유의 당질

우유 중에 함유되어 있는 당질의 99.8%는 유당이다. 유당은 포유동물 특유의 당질이며 우유에 감미를 부여한다. 자당과 비교하면 감미는 훨씬 적으며 자당의 감미를 100%라고 하였을 때 유당은 16%이다.

(6) 유당의 성질

유당은 95% 이상이 알코올 에테르에 녹지 않으며 냉수에도 용해도가 낮다.

유당은 효소 락타제에 의하여 가수분해되어 글루코스와 갈락토스의 단당으로 된다.

(7) 우유와 무기질

무기질 중 나트륨, 칼륨, 염소는 거의 완전용액으로 일부분 현탁액으로 존재한다. 인은 인단백질, 인지질, 유기인산의 구성 요소이다.

무기질 중에는 칼슘과 인이 가장 중요하다.

Chapter 2. 커피 로스팅과 향미평가

1. 로스팅(Roasting, 배전)

로스팅을 하면 복잡한 물리화학적 변화가 연속적으로 일어나며 이 과정 중에 색상, 맛, 향미, 성분이 형성되며 커피콩은 부서지기 쉬운 구조로 변한다. 또한 수분이 증발되고 이산화탄소와 휘발성 향미 물질이 방출되어 무게가 감소하고 부피는 증가하므로 밀도는 감소한다.

guide

- **커피원두는 로스팅의 정도에 따라 다양한 색과 맛과 향을 낸다.**

커피생두 자체는 연한 녹색에 쓰기만 할 뿐 특유의 색깔과 풍미는 없다. 생두를 볶아야만 비로소 짙은 갈색과 향기를 얻게 된다.

로스팅은 생두에 12~20분간 180~250℃의 열을 가해 생두 속의 성분들이 물리적, 화학적인 반응을 거쳐 커피 고유의 성질을 갖도록 하는 과정을 말한다.

로스팅을 통해 원두의 부피가 커지고 카페인 성분이 배출되면서 커피의 맛과 향이 더욱 그윽해지고, 커피원두의 향기(Aroma), 상큼한 맛(Acidity), 중후함(Body), 전체적인 맛(Flavor), 뒷맛(Aftertaste)이 적절히 조화를 이루게 된다.

(1) 배전에 따른 로스팅 방식

① 라이트 로스팅 (Light Roasting, 최약 배전)

로스터에 투입한 생두가 열을 흡수하면서 수분이 빠져나가기 시작하는 초기 단계이다. 이 단계의 원두로 커피를 추출하면 커피 본래의 쓴맛, 단맛, 깊은 맛을 느끼기 어렵다. 원두는 황색으로 변한다.

② 시나몬 로스팅(Cinnamon Roasting, 약 배전)

생두의 은피(Silver Skin)가 왕성하게 제거되기 시작한다. 뛰어난 신맛을 갖는 원두가 되므로 그 신맛을 즐기고 싶다면 이 단계의 원두가 최적이다. 원두는 황갈색으로 변한다.

③ 미디엄 로스팅(Medium Roasting, 중약 배전)

신맛이 강하고 쓴맛이 가미된 단계로 아메리칸 스타일의 커피에 적합하다. 빠르고 쉽게 추출해서 식사 중에 마시는 초기단계의 커피이다. 아메리칸 로스트(American Roast)라고도 한다. 원두는 담갈색으로 변한다.

④ 하이 로스팅(High Roasting, 중 배전)

신맛이 엷어지고 단맛이 나기 시작한다. 가장 일반적인 단계로 갈색의 커피가 된다. 최근에는 하이 로스팅 단계가 핸드 드립용으로 많이 사용되고 있다.

⑤ 시티 로스팅(City Roasting, 강중 배전)

균형 잡힌 맛과 강한 느낌의 향미가 느껴진다. 맛과 향이 대체로 표준이며, 저먼 로스트(German Roast) 단계라고도 한다. 원두는 진한 갈색으로 변한다.

⑥ 풀시티 로스팅(Full City Roasting, 약강 배전)

신맛은 거의 없어지고, 쓴맛과 진한 커피 맛이 정점에 올라서는 단계로 에스프레소 커피의 표준으로 많이 채택된다. 크림을 가미하여 마시는 유럽 스타일의 커피에 적합하다. 원두는 진한 암갈색으로 변한다.

⑦ 프렌치 로스팅(French Roasting, 강 배전)

커피의 쓴맛, 진한 맛에 중후한 맛이 강조된다. 표면에 기름기가 돌기 시작하는 단계로 원두는 흑갈색으로 변한다. 프랑스에서 선호하는 진한 원두로 아이스커피에 주로 사용한다.

⑧ 이탈리안 로스팅(Italian Roasting, 최강 배전)

쓴맛과 진한 맛이 최대치에 달하고 원두에 따라 타는 냄새가 나는 경우도 있다. 과거에는 에스프레소 커피로 많이 선호되었으나 점차 선호 경향이 줄어들고 있다.

(2) 로스팅 후의 성분 변화

생두 자체에는 커피의 맛과 향기가 없다. 생두를 가열처리(Roasting)해서 커피의 독특한 맛과 향을 가진 원두커피가 만들어진다. 로스팅은 220~230℃의 열을 가하여 생두의 내부 조직에 물리적 · 화학적 변화를 일으킴으로써 커피 특유의 맛과 향을 가진 원두를 만들 수 있다.

① 물리적 변화

로스팅이 시작되면 생두는 외형변화가 나타난다. 내압으로 부피가 커지고 수분이 증발하여 무게가 감소하는 물리적인 변화가 일어난다.

- 생두의 수분함량은 12% 내외에서 1% 미만으로 감소한다.
- 생두의 수분이 증발되어 무게가 12~20% 감소한다.
- 생두는 열을 가하면 조직의 팽창으로 최대 50%까지 커진다.

② 화학적 변화

생두는 열에 의해서 내부의 고유성분들이 화학적 반응을 일으켜 커피의 맛과 향이 만들어진다. 그 가운데 커피의 맛을 결정짓는 대표적인 변화는 마이야드반응(Maillard, 갈변)이다.

- 생두는 당분, 지질, 아미노산을 포함하고 있다. 생두 내의 당분과 아미노산이 열로 인해 결합하면서 갈색으로 변하고 커피의 독특한 맛과 향을 낸다.

• 생두의 색상이 녹색에서 노란색, 옅은 갈색, 진한 갈색으로 변한다.
• 볶는 온도에 따라 커피의 맛도 달라진다. 즉 가볍게 볶으면 신맛이 강한 커피가 되고, 강하게 볶으면 쓴맛이 강한 커피가 된다.

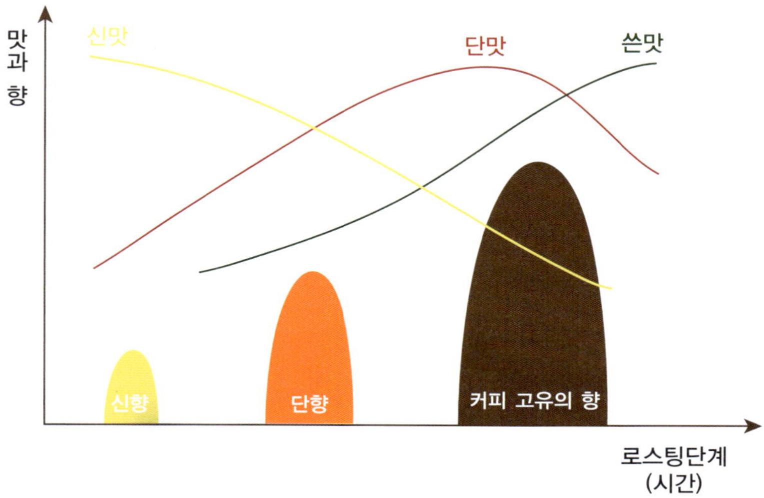

그림 2-1 커피의 로스팅 시간에 따른 맛과 향

표 2-1 커피의 로스팅 단계에 따른 맛과 향

구 분	Yellow 단계			1차 Crack			2차 Crack
반응	흡열반응			발열반응			발열반응
색깔	Green	Yellow	Cinnamon	Light brown	Medium brown	Dark brown	Black
형태	생두	수축	수축	팽창	팽창	지속 팽창	팽창 멈춤
중량 감소	없음	없음	없음	12~14%	12~14%	15~17%	18~25%
맛	로스팅이 진행될수록 신맛은 감소하고 쓴맛이 증가한다.						

커피를 로스팅하면 두 번의 크랙(Crack)이 발생하는데 1차 크랙은 콩의 세포 내부 안에 있는 수분이 증발하면서 나타나는 내부압력에 의해 발생하며 2차 크랙은 주로 이산화탄소 생성에 의해 발생한다. 로스팅이 진행되면서 갈변화가 일어나며 무게, 밀도, 수분은 감소하고 부피, 가용성 성분, 휘발성 성분은 증가한다.

guide

입맛에 맞는 로스팅 고르기

로스팅 단계	특 징	구 분
라이트	가장 얇게 볶은 것으로 맛의 깊이나 향이 적다.	약 배전
시나몬	신맛이 나지만 풍부하고 깊은 맛이 드러나지 않는다.	
미디움	향이 좋고 순한 신맛이 특징이다.	중 배전
하이	신맛이 어우러진 쓴맛이 좋다.	
시티	커피의 Body가 좋고 풍부한 커피향이 좋다.	
풀시티	쓴맛이 강하고 아이스커피용으로 좋다.	강 배전
프렌치	쓴맛이 강하고 중후하다.	
이탈리안	색상이 검고 표면에 기름이 보이며 에스프레소용으로 적당하다.	

표 2-2 일본의 명도(L값) 기준

	Light	Cinnamon	Medium	High	City	Full city	French	Italian
일 본	1차 시작	1차 진행	1차 완료	2차 직전	2차 시작	2차 중간	2차 중반	2차 이후
명도 (L값)	30.2	27.3	24.2	21.5	15.5	16.8	15.5	14.2

guide

- **로스팅 시간에 따른 생두 색상의 변화**

녹 색 → 노란색 → 밝은 갈색 → 갈색 → 짙은 갈색 → 검은색

라이트 로스트 시나몬 로스트 미디움 로스트 하이 로스트 시티 로스트 풀시티 로스트 프렌치 로스트 이탈리안 로스트

2. 로스팅 머신과 배합 방법

(1) 로스팅 머신

로스팅 머신에 사용하는 열원에는 가스, 전기, 오일이 있다.

로스팅 방식에 따라서 직화식, 반열풍식, 열풍식이 있다.

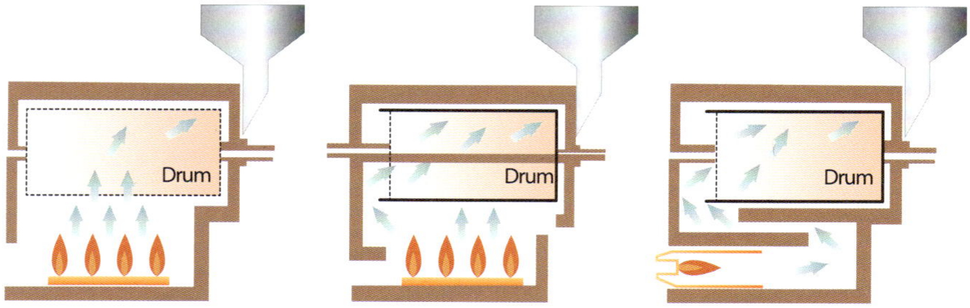

직화식 로스터기 반열풍식 로스터기 열풍식 로스터기

그림 2-2 로스터의 종류와 방식

샘플러
로스팅 도중 진행상황을 확인할 수 있는 장치

댐 퍼
드럼 내부의 공기흐름과 열량을 조절하는 장치

그림 2-3 샘플러와 댐버

표 2-3 로스팅의 종류 및 특성 비교

종류 \ 구분	드럼형	유동층형
온도	200 ~ 240℃	230 ~ 250℃
시간	8 ~ 20분	1.5 ~ 3분
밀도	신맛이 약하고 뒷맛이 텁텁하며 중후함이 강하고 향기가 풍부함	신맛이 강하고 뒷맛이 깨끗하며 중후함과 향기가 부족함
가용성 성분	적게 추출	10 ~ 20% 더 추출
경제성	유동층형이 로스팅 한잔당 커피량을 10 ~ 20% 적게 사용	

(2) 배합(블렌딩, Blending) 방법

블렌딩 방식은 단종별로 각각 커피를 로스팅한 후에 블렌딩하는 단종 블렌딩 방식과 생두를 일정 비율로 혼합한 뒤 한번에 로스팅을 하는 혼합 블렌딩이 있다.

표 2-4 블렌딩의 종류 및 특성 비교

구 분	단종	혼합
방 법	각각 생두를 따로따로 로스팅을 하고 난 후에 블렌딩하는 방법	정해진 블렌딩 비율에 따라 생두를 미리 혼합한 후에 로스팅하는 방법
특 성	• 생두의 특성을 최대한 발휘 로스팅 횟수가 많고 재고 관리가 어려움 • 항상 균일한 맛을 내기가 어려움 • 로스팅 컬러가 불균일	• 한번에 로스팅하므로 편리하고 재고 부담이 없음 • 균일한 커피 맛을 낼 수가 있음 • 로스팅 컬러가 균일

* 수분함량 : 8 ~ 12%

① 각기 다른 나라에서 재배된 커피를 배합한다.

다른 맛과 향을 가진 원산지가 다른 커피를 배합하는 것이다. 일반적으로 2~5가지 종류를 혼합하여 향미의 안정성을 높이는 방식이다.

예) 브라질 산토스 + 콜롬비아 엑셀소 + 인도네시아 자바

② 로스팅 단계가 다른 커피를 배합한다.

로스팅 단계가 서로 다른 커피를 배합하는 것이다. 로스팅 정도를 8단계로 분류했을 때 3단계 이상의 차이가 나지 않는 것이 좋다.

예) 브라질 산토스(시티 로스트) + 콜롬비아 수프레모(프렌치 로스트)

③ 가공 방식이 다른 커피를 배합한다.

가공방식은 커피의 맛과 향에 큰 영향을 미친다. 크게 건식법과 습식법으로 분류하며 이를 이용한 혼합방식이다.

예) 케냐 습식법 + 콜롬비아 습식법 + 브라질 건식법

④ 품종이 다른 커피를 배합한다.

커피 재배에 영향을 미치는 자연환경의 요소에 따라 커피 맛이 서로 다르다. 이를 이요하여 서로 다른 품종의 커피를 배합하는 방식이다.

예) 브라질 버번 + 자메이카 티피카

(3) 나만의 블렌딩 커피 즐기기

블렌딩이란 배합하는 과정이다. 커피는 그 원두의 종류와 산지에 따라 각각의 독특한 개성을 가지고 있으며, 이들의 특징을 조화롭게 배합하는 것이 중요하다. 단종 원두에서는 완벽한 커피를 찾기 어려운데, 개성이 강한 산미나 쓴맛, 단맛 등의 Aroma(코로 전해지는 향)와 Flavor(입으로 전해지는 향)가 각기 다른 원두를 서로 배합하면서 좀 더 풍요로운 향미를 가지게 된다.

블렌딩은 또 다른 새로운 커피를 만들어 내는 과정이다. 많은 커피 회사들과 카페가 며느리에게도 알려줄 수 없는 비밀의 황금배율로 오리지널 블렌드를 만들어 내고 있는 이유가 바로 잘 만들어진 블렌딩 커피 하나가 여느 유명 수입 커피 안 부럽기 때문이다.

최근에는 내 손으로 직접 로스팅 과정에서 블렌딩하여 즐기는 사람들이 늘어나고 여러 가지 원두를 섞어서 마시는 나만의 블렌드를 만들기도 한다.

내가 직접 블렌딩한 커피가 내 이름을 달고 판매될 날이 머지 않았다.

표 2-5 블렌딩과 로스팅 방법에 따른 맛과 향

맛과 향	블렌딩	로스팅
중후하고 조화로운 맛	브라질 산토스 40% 예멘모카 30% 콜롬비아 엑셀소 30%	풀시티 로스팅
과일의 신맛과 달콤한 향	에티오피하 하라 50% 인도네시아 슬라웨시 50%	시티 로스팅
감미로우며 깊고 풍부한 맛	브라질 산토스 30% 콜롬비아 엑셀소 30% 과테말라 SHB 20% 예멘모카 20%	시티 로스팅
쓴 듯한 달콤한 맛	브라질 산토스 30% 콜롬비아 엑셀소 30% 인도네시아 자바 20% 탄자니아 킬리만자로 20%	풀시티 로스팅
달콤한 에스프레소 커피	브라질 산토스 40% 콜롬비아 엑셀소 40% 과테말라 SHB 20%	프렌치 로스팅 혹은 강한 풀시티 로스팅

① 가용성 성분

생두의 당분, 단백질, 유기산 등은 갈변반응을 통해서 가용성 성분으로 변한다. 로부스타는 아라비카보다 약 2% 많으며, 고온에서 단시간 로스팅하면 약 2～4% 증가한다.

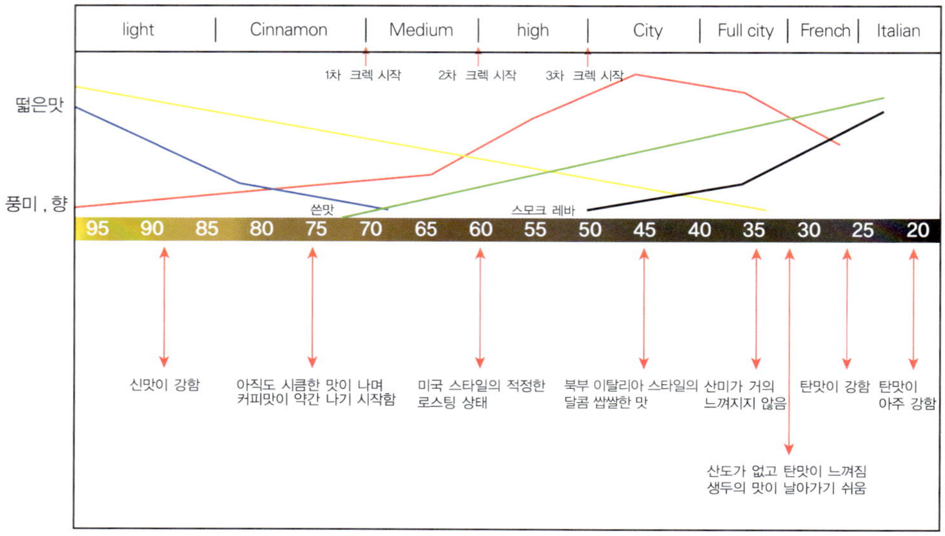

그림 2-4 크렉에 따른 맛과 향의 변화

② 향기 성분

당분, 아미노산, 유기산 등이 로스팅 과정을 거치며 갈변반응을 통해서 향기 성분으로 바뀐다.

휘발성 화합물은 중량의 0.05% 미만으로 700~2,500ppm 정도로 매우 적은 양이나 800가지가 넘으며 가스방출과 함께 증발되어 상온에서 시간이 지나면서 커피향기를 잃어버린다. 아라비카가 로부스타에 비해서 크다.

로스팅이 진행되면서 풀시티 로스트까지는 증가하나 프렌치 · 이탈리안 로스트에 이르면 오히려 감소한다.

③ 맛의 성분

맛 성분은 주로 가용성으로 끓는 물에서 약 18~22% 추출하는 것이 좋다.

구분	내 용
신 맛	• 클로로제닉산(Chlorogenic acid), 옥살리산(Oxalic acid) 말릭산(Malic acid), 시트릭산(Citric acid), 타타릭산(Tartaric acid) • 아라비카종은 pH 4.9~5.1이고 로부스타종은 pH 5.2~5.6이다. • 라이트 시나몬 로스트일 때 신맛이 가장 강하다.
단 맛	• 환원당, 캐러멜당, 단백질 등 • 아라비카종이 로부스타종보다 더 강하다.
쓴 맛	• 알칼로이드인 카페인과 트리고넬린, 카페인산, 퀴닉산, 유기산과 페놀릭 화합물 • 로부스타종이 아라비카종보다 강하다.

표 2–6 세계 주요 커피의 종류별 피크 로스팅 포인트(Peak Roasting Point)

<table>
<tr><th>종 류</th><th>하이 로스팅</th><th>시티 로스팅</th><th>풀시티 로스팅</th><th>프렌치 로스팅</th></tr>
<tr><td>브라질 산토스 NY2
(Brazil Santos NY2)</td><td></td><td>●</td><td></td><td></td></tr>
<tr><td>콜롬비아 수프리모
(Colombia Supremo)</td><td></td><td></td><td>●</td><td></td></tr>
<tr><td>과테말라 SHB
(Guatemala SHB)</td><td></td><td></td><td>●</td><td></td></tr>
<tr><td>탄자니아 킬리만자로
(Tanzania Kilimanjaro)</td><td></td><td>●</td><td></td><td></td></tr>
<tr><td>자메이카 블루마운틴
(Jamaica Blue Mountain)</td><td colspan="2">●</td><td></td><td></td></tr>
<tr><td>하와이 코나
(Hawaii Kona)</td><td colspan="2">●</td><td></td><td></td></tr>
<tr><td>인도네시아 만델링
(Indonesia Mandheling)</td><td></td><td></td><td>●</td><td></td></tr>
<tr><td>예멘 모카 마타리
(Yemen Mocha Mattari)</td><td colspan="2">●</td><td colspan="2">●</td></tr>
<tr><td>에티오피아 시나모
(Ethiopia Sidamo)</td><td></td><td></td><td colspan="2">●</td></tr>
<tr><td>케냐 AA
(Kenya AA)</td><td></td><td></td><td></td><td></td></tr>
<tr><td>코스타리카 타라수
(Costarica Tarrazu)</td><td></td><td>●</td><td></td><td></td></tr>
</table>

그 외에도 온도에 따른 맛의 변화를 정리하자면 다음과 같다.

- 단맛은 온도가 높아지면 상대적으로 약해진다.
- 짠맛은 온도가 높아지면 상대적으로 약해진다.
- 신맛은 온도의 영향을 거의 받지 않는다.

④ 카페인(Caffeine)

카페인에 의한 쓴맛은 전체의 약 10%이다. 카페인 함량은 로스팅해도 거의 일정한 값을 유지한다.

표 2-7 카페인 함량 비교

구분	내용
생 두	퓨린(Purine) 염류에 속하며 재배지 품종에 따라서 함량에 차이가 크다. 씨앗뿐만 아니라 잎에도 소량으로 함유(나무껍질과 뿌리에는 없음.)
원 두	카페인은 열에 안정적이어서 130℃ 이상이 되면 일부 승화하여 소실되지만 대부분은 원두에 남는다.

guide

• 카페인의 인체에 대한 효과

뇌의 신경전달물질의 생성·분비를 촉진시켜 각성효과, 긴장감 유지, 신체에 에너지 생성효과를 발생시킨다. 또한 몸의 글리코겐과 중성지방을 분해하여 에너지 생성효과, 심장의 수축력과 심박수를 증가시킨다. 이뇨작용을 촉진시키나 과다섭취 시 불면증, 두통, 신경과민, 불안감이 나타난다.

⑤ 단백질

원두의 단백질은 로스팅에 의해 급속히 소실된다. 과당 반응해서 생성된 멜라노이딘 (Melanoidine)은 생두에 0.3～0.8% 존재하며 원두의 생두 형성에 중요한 성분이다. 일부 성분은 쓴맛 성분과 결합해서 갈색색소 성분으로 변화한다.

- 갈변반응(Sugar browning)

- 캐러멜화(Caramelization)

  당을 가열할 때 생두에 5～10% 포함되어 있는 Sucrose의 캐러멜화가 일어난다.

- 마이야르반응(Maillard Reaction)

  비소요적 갈변반응으로, 생두를 로스팅할 때 생두에 포함되어 있는 미량의 아미노기와 환원당이 카보닐기와 작용하여 갈색의 종합체인 멜라노이딘 (Melanoidine)을 만드는 반응이다.

- 클로로겐산 (Chlorogenic acid)

  고분자 갈색산소는 Chlorogenic acid류와 단백질및 다당류의 반응으로 형성된다. 커피를 마실 때 느낄 수 있는 커피의 향기(Aroma)와 맛(Taste)의 복합적인 느낌을 플레이버(Flavor, 향미)라고 하며 관능평가는 후각, 미각, 촉각의 세 단계로 구분한다.

3. 커피 커핑(Coffee Cupping)

(1) 커핑의 정의

커피는 자연에서 재배하고 수확하는 농산물이다. 지역의 기후조건, 토양, 일조량 등 여러 가지 조건에 의해서 커피의 품질이 평가된다.

커피의 향미에는 무려 1,200가지 이상의 화학분자가 들어 있다. 대부분은 불안정하여 상온에서 방출되어 버린다. 이러한 커피의 향미를 식별하거나 등급을 매기는 작업을 커핑(Cupping) 또는 컵 테스트(Cup Test)라고 한다. 즉 커핑이란 커피 샘플의 향(Aroma)과 맛(Taste)의 특성을 체계적으로 평가하는 것을 말하며 이런한 작업을 전문적으로 수행하는 사람을 커퍼(Cupper)라고 한다.

커피의 향미는 커피나무의 성장 중에 만들어지고 로스팅에 의해 나타난다. 향은 기체 상태로 코 점막의 후각세포를 자극하여 인지된다. 맛은 추출을 통해 나온 물질이 혀의 미각세포를 자극하여 나타난다. 커피의 지질과 섬유질을 이루는 입자들은 물에 녹지 않으므로 입안의 촉각(Body)으로 느껴지게 된다.

(2) 커피의 관능 평가

커피의 풍미를 평가할 때 후각(Fragrance, Aroma, Nose, After Taste), 미각(Taste), 촉각(Body) 등을 기준으로 단계적으로 평가한다.

1) 후각

기체상태의 자극물이 코의 말초신경을 자극하여 생기는 감각을 후각이라 한다. 커피는 아는 만큼 오묘한 향과 맛을 느낄 수 있다. 커피의 전체적인 향은 분쇄된 커피 향기(Fragrance), 추출된 커피 향기(Aroma), 마시면서 느끼는 향기(Nose), 입안에 남는 향기(After Taste) 등의 4가지로 구성된다.

① 분쇄된 커피 향기(Fragrance)

볶은 커피의 건조향기를 평가하는 것이다. 원두를 분쇄하면 커피조직에 열이 발생하며 파괴된다. 이때 커피조직 내에 있던 탄산가스가 방출되면서 여러 가지 향기물질이 발생한다. 일반적으로 달콤한 꽃향기와 향신료 향기가 난다.

② 추출된 커피 향기(Aroma)

추출한 액상커피의 향기를 평가하는 것이다. 분쇄된 커피를 뜨거운 물과 접촉시키면 뜨거운 물의 열이 커피 내부에 있는 유기물을 기화시킨다. 일반적으로 과일이나 허브향이 지배적이다.

③ 마시면서 느끼는 향기(Nose)

커피를 마시면 커피 액체가 입안에 있는 공기와 만나 액체 중 일부가 기화된다. 이 과정에서 커피의 향기성분은 코의 후각조직에 전달되고, 커피의 향기 속성을 평가하게 되는 것이다. 로스팅의 정도에 따라 캐러멜향, 볶은 견과류향, 볶은 곡류향 등으로 다양하게 나타난다.

④ 입안에 남는 향기(After Taste)

커피의 뒷맛을 평가하는 것이다. 커피를 마시고 난 후 입안에 남아 있는 커피의 잔류성분이 증기로 변하면서 느끼는 향기이다. 초콜릿이나 탄 냄새가 느껴진다.

표 2-8 전체 커피의 향기

향의 종류	특 성	원인 물질	주요 향기
Fragrance	볶은 커피의 분쇄향기	에스테르화합물	Flower
Aroma	추출되는 커피에서 맡을 수 있는 향기	케톤이나 알데히드계통의 휘발성 성분	Fruity, Herbal, Nut-like
Nose	마실 때 느끼는 향기	비휘발성 액체상태의 유기성분	Candy, Syrup
After taste	마시고 난 다음 입에서 느끼는 향기	지질같은 비용해성 액체와 수용성 고체	Spicy, Turpeny

표 2-9 향기의 강도

강 도	내 용	비 고
Rich	풍부하면서 강한 향기	
Full	풍부하지만 강도가 약한 향기	
Rounded	풍부하지도 않고 강하지도 않은 향기	
Flat	향기가 없을 때	

2) 미각

분쇄한 커피로부터 용해되어 나온 무기 · 유기물로 구성된 가용성분을 관능적으로 평가하는 것을 말한다. 일반적으로 혀는 단맛, 짠맛, 신맛, 쓴맛의 네 가지를 구별할 수 있다. 커피의 단맛은 모두 이 네 가지 기본 맛의 결합에 의한 것이다. 그 가운데 단맛, 짠맛, 신맛은 전체 커피의 맛 중에서 더욱 뚜렷하게 나타난다.

쓴맛은 다른 세 가지 맛의 강도를 변화시키는 역할을 한다.

① **단맛** : 단맛을 나타내는 원인이 되는 물질에는 환원당, 캐러멜당, 단백질이 있다. 단맛은 다시 Acidy(상큼한 신맛)와 Mellow(달콤한 맛)로 1차 분류된다.

② **짠맛** : 짠맛을 나타내는 원인이 되는 물질에는 산화칼륨, 산화칼슘이 있다. 짠맛은 Bland(부드러운 맛)와 Sharp(날카로운 맛)로 1차 분류된다.

③ **신맛** : 신맛을 나타내는 원인이 되는 물질에는 주석산, 구연산, 사과산이 있다. 신맛은 다시 Soury(시큼한 맛)와 Winey(와인 맛)로 1차 분류된다.

④ **쓴맛** : 쓴맛을 나타내는 원인이 되는 물질에는 카페인, 키니네, 기타 알칼로이드가 있다. 쓴맛은 다시 Harsh(거친 맛)와 Pungent(쏘는 맛)로 1차 분류된다.

3) 맛의 차이

① 1차 맛

커피의 기본 맛은 상대적 강도에 따라 서로 상호작용함으로써 맛의 변화(Taste Modulation)가 생긴다. 이에 따라 커피의 맛은 아래와 같이 6개의 조합이 생길 수 있다.

표 2-10 커피의 1차 맛 구분

구 분	내 용
Acidy	커피의 산에 의해 생성되며 당과 결합하여 추출 커피의 전체적인 단맛을 증가시킨다.
Mellow	커피의 염에 의해 생성되며 당과 결합하여 추출 커피의 전체적인 단맛을 증가시킨다.
Winey	커피의 당에 의해 생성되며 산과 결합하여 추출 커피의 전체적인 신맛을 감소시킨다.
Bland	커피의 당에 의해 생성되며 염과 결합하여 추출 커피의 전체적인 짠맛을 감소시킨다.
Sharp	커피의 산에 의해 생성되며 염과 결합하여 추출 커피의 전체적인 짠맛을 증가시킨다.
Soury	커피의 염에 의해 생성되며 산과 결합하여 추출 커피의 전체적인 신맛을 감소시킨다.

② 2차 맛

6개의 1차 커피 맛은 12개의 2차 맛으로 다시 분류할 수 있다. 단맛, 신맛, 짠맛의 정도에 따라 6개의 1차 맛에 영향을 준다.

표 2-11 커피의 1차 맛과 2차 맛

1차 맛	맛의 변화	2차 맛
Acidy	단맛 쪽(방향)	Nippy
	신맛 쪽	Piquant
Mellow	단맛 쪽	Mild
	짠맛 쪽	Delicate
Winey	단맛 쪽	Tangy
	신맛 쪽	Tart
Bland	단맛 쪽	Soft
	짠맛 쪽	Neutral
Sharp	짠맛 쪽	Rough
	신맛 쪽	Astringent
Soury	짠맛 쪽	Acrid
	신맛 쪽	Hard

4) 촉각

커피를 마신 후 입안에서 물리적으로 느끼는 촉감을 말한다. 입안의 말초신경은 커피의 점도(Viscosity)와 미끈함을 감지한다. 점도는 커피에 함유된 섬유질과 단백질에 의해 형성된다. 미끈한 촉감은 커피에 함유된 지방때문이다. 이 점도와 미끈함을 바디(Body)라고 표현하며 커피를 입안에 한 모금 머금었을 때 촉각을 통해서 입안전체에 느껴지는 농도, 밀도, 점성을 바디감이라 한다.

표 2-12 커피의 촉감에 관한 용어

구 분	지방 함량	구 분	고형분량(섬유질 · 단백질)
Buttery	지방 함량이 매우 많을 때 느끼는 감각	Thick	고형분량이 매우 많을 때 느끼는 감각
Creamy	지방 함량이 많을 때 느끼는 감각	Heavy	고형분량이 많을 때 느끼는 감각
Smooth	지방 함량이 적을 때 느끼는 감각	Light	고형분량이 적을 때 느끼는 감각
Watery	지방 함량이 약간 적을 때 느끼는 감각	Thin	고형분량이 약간 적을 때 느끼는 감각

표 2-13 커피의 향미에 관한 용어

구 분	내 용
Acidity	산도의 정도를 나타내며 커피 맛을 표현할 때 사용한다.
Aftertaste	커피를 마시고 난 후 입안에 남아 있는 커피의 잔류성분이 증기로 변하면서 느끼는 향이다.
Balance	복합적인 풍미가 서로 조화와 균형을 이루어 어느 하나가 튀지 않고 만족스러운 상태를 말한다.
Bitter	혀의 뒤쪽에서 감지되는 맛으로 커피의 알칼로이드 성분에서 쓴맛을 낸다.
Bland	혀의 가장자리에서 감지할 수 있는 부드럽고 온화함의 정도를 나타낸다.
Bouquet	커피의 전체적인 향기를 총칭한다. 분쇄된 커피향, 추출된 커피향, 입안에 남는 향 등을 포함한다.
Bright	산도가 높은 커피의 맛을 표현한다.
Briny	추출된 커피를 다시 데웠을 때 드러나는 짠맛이다.
Buttery	오일감이 풍부하게 나는 커피의 풍미를 말한다.
Carbony	탄 맛을 연상시키는 향미의 표현이다. 주로 강한 로스팅을 한 커피에서 느낄 수 있다.
Clean	커피 맛의 깔끔한 정도를 보는 평가기준이다.
Dead	생기가 없는, 신맛과 향, 뒷맛이 부족한 상태를 말한다.
Delicate	잘 익은 커피체리에서 맛볼 수 있는 풍미를 말한다.
Dirty	진흙을 머금을 때 느껴지는 탁하고 묵은 느낌을 말한다.
Earthy	흙향이 커피에 배어나오는 경우에 쓰는 표현이다.

구분	내용
Exotic	일반적이지 않은 진귀한 향기나 풍미를 가진 커피에 한해 사용한다.
Flat	부케, 아로마, 뒷맛 모두에서 향이 느껴지지 않을 때 표현한다.
Fragrance	볶은 커피의 건조 향기를 평가하는 것이다.
Fruity	주로 감귤류나 베리류의 과실을 연상시키는 향이다.
Grassy	풀냄새가 나는, 새로 깎은 잔디밭을 연상시키는 향과 풍미를 말한다.
Harsh	맛의 결이 거칠게 느껴질 때 표현한다.
Mellow	잘 익은 과일의 원숙한 달콤함이 입안을 부드럽게 감싸는 듯 느껴질 때 사용한다.
Mild	커피 맛의 어떤 특성도 넘치거나 부족하지 않은 상태일 때 쓰는 표현이다.
Muddy	맛이 탁하고 무딜 때 쓰는 표현이다.
Musty	커피 맛에서 곰팡이 냄새처럼 묵은내가 날 때 쓰는 표현이다.
Nutty	커피를 추출할 때 방출되는 고소한 향이며, 볶은 땅콩을 연상케 한다.
Rich	부케가 풍부하게 감지될 때 쓰는 표현이다.
Rioy	브라질 커피의 특성처럼 약용의 쓴맛이 날 때 표현한다.
Rough	혀의 앞쪽에서 느껴지는 자극적인 거친 맛이다.
Rubbery	탄 고무를 연상시키는 냄새와 풍미를 표현한다. 자연건조방식의 로부스타에서 주로 나타난다.
Soft	혀에서 특징적인 맛을 느끼지 못하며, 드라이한 맛이 느껴진다.
Sour	주석산, 구연산, 사과산의 수용액에 의해 느껴지는 맛이다.
Spicy	향신료를 연상시키는 풍미와 향을 말한다.
Stale	공기에 오랫동안 노출되어서 평평하고 밋밋한 맛이다.
Taint	커피에서 감염된 맛이 날 때 쓰는 표현이다.
Tangy	시큼한 특징을 가진 맛으로 와인의 풍미와 비슷하다.
Thin	추출에 문제가 있어서 산미가 느껴지지 않거나 생기가 없는 커피를 말한다.
Watery	입안에서 느껴지는 농도나 점성이 부족한 느낌을 말한다.
Wild	맛에서 힘찬 풍미가 느껴질 때 쓰는 표현이다. 주로 야생 커피나무에서 수확한 커피에서 나타난다.
Winey	신맛이 풍부해서 생동감이 있고, 레드와인의 풍미가 느껴진다.
Woody	약간 거친 나무의 풍미가 날 때 쓰는 표현이다.

(3) 커핑 방법

커피의 품질을 평가하는 작업을 커핑 또는 컵 테스트라고 한다. 커피의 향과 맛, 촉감이 주요 평가요소이다. 커퍼의 주관적인 판단이 작용하므로 객관적인 기분을 제시하는 커핑 폼(Cupping Form)을 사용한다.

1) 커핑 랩(Cupping Lab)

커핑이 이루어지는 장소를 말한다. 장소는 실내온도 20~30℃, 습도는 85% 미만이 가장 이상적이다. 그리고 커핑에 영향을 줄 수 있는 소리나 빛, 냄새와 같은 외부의 방해요인으로부터 차단되어야 하고, 실내는 전체적으로 밝은색이어야 한다.

2) 커핑의 단계

커핑의 단계는 냄새 맡기(Sniffing), 흡입하기(Slurping), 삼키기(Swallowing) 등으로 이루어진다. 일상적인 식생활에서의 동작보다 과장된 동작을 취한다. 이는 커피 안에 들어 있는 자극성 물질이 가급적 많은 말초신경을 자극하여 미각과 후각을 극대화하기 위한 것으로 필수적인 행동이다.

① 분쇄 커피 담기

커핑을 하기 전 24시간 이내에 로스팅되어야 한다.

로스팅은 중간 정도로 8~12분 사이로 끝낸다. 최소 3~5컵의 원두를 준비하고, 분쇄하여 8.25g씩 담는다. 분쇄는 커핑하기 전 15분 이내에 이루어져야 한다.

② 분쇄된 커피 향기(Fragrance)

분쇄한 후 커핑까지의 한계는 15분이다. 코를 컵에 가까이 대고 커피 입자에서 탄산가스와 함께 나오는 기체를 깊게 들이마신다. 향기 속성과 강도를 평가한다.

③ 물 붓기(Pouring)

물은 끓인 후 식혀서 사용하는 것이 중요하다. 물의 온도는 93~95℃로 맞춘다. 물(150mL)을 부을 때에는 커피 입자들이 골고루 적셔지도록 컵 상단 끝까지 붓고, 3분간 침지한다.

④ 추출 커피의 향기(Break Aroma)

커피 입자들은 컵 표면에 층을 만들어 뜨게 되므로 커핑 스푼으로 3번 정도 밀어 준다. 코를 컵 가까이 대고 높은 온도에 의하여 발생하는 기체를 코로 깊이 들이마시면서 향기를 평가한다.

⑤ 거품 걷어내기(Skimming)

커피층을 밀어내며 향기를 맡은 후에 흡입하기 위해 거품을 신속하게 걷어낸다. 이때 스푼 2개를 사용하면 편리하다.

⑥ 향(Flavor), 뒷맛(Aftertaste), 산도(Acidity), 촉감(Body), 균형(Balance) 평가

거품을 걷어내고 물의 온도가 70℃ 정도가 되면 커핑 스푼으로 살짝 떠서 입안으로 강하게 흡입한다. 최대한 입안 전체에 골고루 퍼지도록 한다. 먼저 향과 뒷맛을 평가한다. 커피의 온도가 약간 내려가면 산도, 촉감, 균형 항목을 평가한다. 두세 차례 반복해서 정확한 평가를 한다. 온도별로 천천히 맛보는 것이 좋다.

⑦ 당도(Sweetness), 균일성(Uniformity), 투명도(Cleanliness) 평가

커피의 온도가 실온(30℃ 이하)에 도달하면 당도, 잔마다 맛의 균일성, 액체의 투명도 항목을 평가한다.

⑧ 결과 기록

먼저 각 속성에 주어진 개별 점수를 합산하여 총득점을 표기하고, 결점을 빼면 최종점수(Final Score)가 된다.

3) SCAA (미국 스페셜티 커피협회)의 테스트 방법

SCAA에서는 커핑의 항목으로 향기, 산미, 촉감, 풍미, 뒷맛의 5가지 요소를 10점 척도로 평가하고 있다. 마지막으로 5가지 관능요소와 종합적으로 판단하여 ±5점으로 표시하고 있다.

표 2-14 SCAA의 평가표

평가 요소	척 도
향기(Aroma)	1 2 3 4 5 6 7 8 9 10
산미(Acid)	1 2 3 4 5 6 7 8 9 10
촉감(Body)	1 2 3 4 5 6 7 8 9 10
풍미(Flavor)	1 2 3 4 5 6 7 8 9 10
뒷맛(Aftertaste)	1 2 3 4 5 6 7 8 9 10
종합적 판단(Balance)	−5 −4 −3 −2 −1 0 1 2 3 4 5

SCAA는 평가점수가 100점 만점에 85점 이상인 커피에만 'Specialty Coffee'란 이름을 붙이고 있다.

표 2-15 점수대별 분류

Total Score	Specialty Description	Classification
95~100	Exemplary	Super Premium Specialty
90~94	Outstanding	Premium Specialty
85~89	Excellent	Specialty
80~84	Very Good	Premium
75~79	Good	Usual Good Quality
70~74	Fair	Average Quality
60~70	–	Exchange Grade
50~60	–	Commercial
40~50	–	Below Grade
40	–	Off Grade

(4) 커핑(Cupping) 용어

- Acidity : 산도(긍정적인 경우 Brightness, 부정적인 경우 Sour로 표현)
- Aftertaste : 커피를 삼킨 후 입안에서 지속되는 커피의 맛과 향

- Aroma : 물을 부었을 때 기체상태에서 느껴지는 향기
- Balance : 균형감(Flavor, Aftertaste, Acidity, Body를 전체적으로 평가)
- Body : 촉감(입안에서 느껴지는 질감)
- Fault : 강하게 느껴지는 좋지 않은 맛과 향
- Flavor : 입안에서 느껴지는 맛과 향
- Floral : 꽃향기로 에티오피아, 탄자니아, 케냐 등의 커피에서 많이 나타난다.
- Fragrance : 분쇄한 커피의 향기
- Grassy : 미숙한 커피나 덜 볶은 콩에서 나는 향
- Intensity : 커피의 맛과 향기의 강도
- Overall : 전체적인 느낌(커퍼의 주관적인 평가)
- Preference : 커피의 맛과 향기의 선호도
- Taint : 약하게 느껴지는 좋지 않은 맛과 향
- Uniformity : 균일성

(5) 커피의 보관방법

커피는 원두상태나 분쇄된 것이나 시간이 지나면 향과 맛이 사라진다. 커피를 변질시키는 주원인으로 공기, 습기, 온도가 대표적이다. 이외에 햇빛, 로스팅 상태, 분쇄도, 보관용기의 재질 등이 있다.

1) 공기

커피는 공기에 약하다. 공기는 커피를 보관하는 공간에 아주 조금만 들어 있어도 커피를 산화시키므로 반드시 차단해야 한다. 특히, 커피를 분쇄하고 나면 커피의 작은 입자들이 공기와 쉽게 결합해서 산패된다. 생두로 두면 향미가 조금밖에 변하지 않아 수년을 보관할 수 있다. 그러나 볶은 커피는 공기와 접촉한 후 1주일, 분쇄한 커피는 1시간 그리고 끓인 커피는 단 몇 분만 지나도 그 향미를 잃기 시작한다. 따라서 추출하기 직전에 원두를 분쇄하는 것이 가장 효과적인 방법이다.

2) 습기

커피는 공기와 더불어 습기에도 약하다. 커피를 볶으면 다공성 조직으로 변하기 때문에 습기를 잘 흡수하고 커피 조직 속에 남아 있던 탄산가스를 방출시켜 향시성분을 산화시킨다. 또한 습기는 산소의 산화작용을 돕기 때문에 동일한 조건일 경우 습기가 많은 곳에 보관된 커피의 산화가 더욱 빠르게 진행된다.

일반인은 원두커피 팩을 구입한 후 포장지를 밀봉하여 냉장실이나 냉동실에 보관하는 경우가 많다. 하지만 원두커피 팩을 사용하고 나서 다시 냉장고에 넣게 되면 접촉된 수분 때문에 향을 잃게 된다. 따라서 한번 냉장실이나 냉동실에 보관했다가 꺼낸 원두커피 팩은 냉장실과 냉동실이 아닌, 차갑고 서늘한 곳에 보관하는 것이 좋다.

3) 온도

볶은 커피는 보관온도가 높을수록 산화속도가 더욱 촉진되어 향미가 떨어진다. 동일한 조건에서 밀폐포장을 할 경우 상온에 보관한 것이 냉장고에 보관한 것보다 10배 정도 빠르게 변한다.

이처럼 커피가 공기와 온도, 그리고 습기에 약하다는 것만 숙지한다면 보다 신선하고 깊은 향과 맛을 내는 커피를 마실 수 있을 것이다.

(6) 커피 맛을 결정하는 4대 요소

최근 인스턴트커피에서 벗어나 다양한 원두커피의 맛을 즐기는 사람들이 크게 늘고 있다. 커피 맛을 결정짓는 데에는 다음의 4가지 요소가 중요하다.

1) 원두

커피의 맛을 내기 위해서는 우선 원두의 상태가 좋아야 한다. 가장 신선한 원두를 확보하는 것이 가장 맛있는 커피를 마실 수 있는 첫째 조건이다. 원두는 갈지 않은 홀 빈(Whole Bean)을 구입해서 마실 때마다 사용한다. 원두를 갈아 가루로 만든 뒤에는 4일을 넘기지 않도록 한다.

2) 물

신선한 커피가 준비되었다면 그 다음에는 깨끗한 물이다. 커피 한 잔은 98%의 물로 이루어져 있다. 물은 차고 깨끗한 정수나 연수를 사용하는 것이 좋으며, 물의 온도는 90~95℃가 좋다. 끓는 물을 사용하면 쓴맛이 나므로 유의해야 한다.

3) 분쇄

커피를 추출하기 직전에 분쇄해야 더욱 신선한 커피 맛을 낼 수 있다. 에스프레소와 같이 커피가 물과 접촉하는 시간이 짧을수록 분쇄입자를 가늘게 해 주어야 한다. 반대로 프렌치 프레스처럼 물과 접촉하는 시간이 길수록 약간 굵게 해 주어야 한다. 이와 같이 원두가 가진 고유의 향미를 충분히 잘 살린 좋은 커피를 만들기 위해서는 원두의 특성에 맞는 추출기구를 선택하고, 적절한 입자의 크기로 분쇄해야 한다.

4) 비율

적당량의 물과 커피를 사용한다. 물과 커피의 비율은 150mL에 10g(커피스푼으로 1번) 정도가 적당하며 이는 취향에 따라 조절할 수 있다. 이외에 커피를 만들 때 사용하는 기구들은 항상 깨끗하게 보관해서 사용해야 한다.

Chapter

3. 커피의 추출조건과 방식

1. 추출과정

추출은 커피입자에서 커피성분을 뽑아낸다는 의미이다. 물이 분쇄된 커피입자 속으로 스며들어 커피성분 중 물에 녹는 가용성 성분을 용해하게 되고 그 다음에 용해된 성분들이 커피입자 밖으로 확산되는 과정을 거치며 마지막으로 용출된 성분을 물을 이용해 분리하는 과정을 통하여 추출한다.

즉, 침투 → 용해 → 분리 과정을 거치게 된다.

(1) 좋은 커피를 위한 조건 (물의 적정 비율)

① 적정한 커피농도 : 1.0~1.5%

② 적정한 추출수율 : 18~22%

추출시간에 따른 정확한 분쇄는 추출시간이 길수록 입자를 굵게, 짧을수록 입자를 가늘게 한다.

(2) 커피추출의 적절한 방법

① 커피분쇄 입자와 물의 접촉시간

② 물의 온도

③ 난류

(3) 최적의 추출수

① 좋은 품질의 물

② 50~100ppm의 무기질이 함유된 물

③ 신선하며 맛이 좋고 냄새와 불순물이 없는 물

④ 광물질이 포함되지 않은 물

⑤ 경수보다 연수가 좋음

(4) 핸드 드립 추출기구 및 방법

① 드립퍼(Dripper)

여과지를 올려놓고 분쇄된 커피를 담는 기구를 말한다. 각각의 형태에 따라서 같은 커피입자를 사용하여 추출하여도 커피의 맛이 달라지므로 종류별로 그 특성을 이해하고 적절히 사용해야 추출이 원활하게 이루어진다.

② 리브(Rib)

드립퍼 내부의 요철을 말하며 물을 부었을 때 공기가 빠져나가는 통로 역할을 해준다.

③ 핸드 드립을 위한 테이블 세팅(Setting)

(5) 드립의 종류

명칭	추출구	특징
멜리타 (Melita)	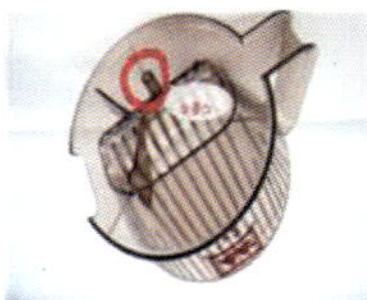	추출구가 한 개이며 전체 폭이 약간 크고 칼리타에 비해서 경사가 가파르다.
칼리타 (Kalita)		추출구가 세 개이며 리브가 촘촘하게 설계되어 있다.
고노 (Kono)		추출구가 한 개로 원추형이며 리브의 수가 적고 높이가 드립퍼 중간까지만 있다.
하리오 (Hario)		Kono와 유사한 형태로, 리브가 유선형으로 드립퍼 끝까지 있다.

(6) 추출기구

기 구	특 성
터키식 커피	가장 오래된 추출기구로 여과를 하지 않으므로 커피입자를 가늘게 분쇄한다.
사이펀	사이펀은 증기압을 이용하여 추출하므로 진공식 추출이라고 하며, 사용되는 열원은 알코올램프, 할로겐램프와 가스스토브이다.
워터 드립	더치커피라고도 하며 찬물로 장시간(4 ~ 12시간) 추출하는 방식으로 원두의 분쇄도와 물이 맛에 중요한 작용을 한다. 찬물로 추출하여 카페인이 아주 적게 추출되는 것으로 알려져 있다.
메리타	메리타 드립퍼는 1908년 독일 메리타 벤츠 부인이 발명하여 페이퍼 드립의 시초가 되었다.
융 드립	커피의 불용성분이 잘 추출되고 팽창이 원활해 바디감을 강하게 느낄 수 있으며 뒷맛이 상당히 부드럽게 느껴지는 장점이 있다.
프렌치프레스	컵 안에 많은 커피성분이 남아 있어서 바디가 강한 커피를 추출할 수 있다.
모카 포트	1933년 알폰소 비알레티에 의해서 탄생하였으며 가정에서 손쉽게 에스프레소를 즐길 수 있는 추출기구로, 불에 직접 올려놓고 가열하는 직화식 추출기구이다.

모카포트

프렌치프레스

이브리크

사이펀

더치커피

융드립

2. 분쇄(Grinding)

커피를 추출할 때 분쇄하는 이유는 커피를 잘게 부수어 물과 접촉하는 표면적을 넓게 함으로써 커피의 유효성분을 쉽게 용해시켜 추출하기 위해서이다.

분쇄 시 유의할 점은 다음과 같다.

① 추출하고자 하는 기구의 특성에 맞게 분쇄한다.

② 미분은 분쇄 시 발생하는 좋지 않은 맛의 원인이 된다.

③ 분쇄 시 발생하는 열은 커피의 맛과 향을 변질시키므로 열 발생을 최소화한다.

④ 입도가 고르지 못하면 커피입자마다 물과 접촉하는 면적차이와 용해속도가 달라지고 이로 인해 커피 맛이 떨어진다.

(1) 분쇄 방식

① 그라인더는 분쇄 원리에 따라서 충격식(Impact)과 가격식으로 구분된다.

② 칼날형은 충격식으로 고른 분쇄가 이루어지지 않는다.

③ 코니컬 커터(Conical cutters), 플랫커터(Flat cutters), 롤 커터(Roller cutters) 순으로 진행해야 한다.

3. 커피의 산패와 보관

커피는 로스팅을 하게 되면 시간이 지남에 따라서 향기가 소실되고 더 나아가 맛이 변질되는데 증발(Evaporation) → 반응(Reaction) → 산화(Oxidation)의 3단계의 과정을 거치게 된다.

표 3-1 산패 요인

요 인	산패진행
산 소	포장 내 소량의 산소만 존재해도 완전 산화
수 분	상대습도가 100%일 때에는 3~4일, 50%일 때 7~8일, 0%일 때는 3~4주부터 산패가 진행
온 도	온도 10℃ 상승 시마다 20~30%씩 향기성분이 빨리 소실
로스팅 정도	강한 로스팅일수록 함수율이 낮으며 오일이 배어나와 있고 다공질 상태가 되어서 약한 로스팅에 비해 산패가 빨리 진행
분쇄입도	분쇄상태의 커피는 원두보다 5배 빨리 진행

커피를 강하게 로스팅할수록 조직이 더욱 다공질이 되어 공기와 접촉하는 표면적이 넓어지게 된다. 또한 세포벽의 파괴로 탄산가스 방출이 빠르게 되고 커피에서 배어나온 오일이 급격히 산화되어 산패가 가속화된다.

4. 커피의 포장방법

커피의 포장방법에는 진공포장, 질소가스포장, 일반포장 등이 있으며 질소가스 포장방법이 보관기관이 가장 긴 것으로 알려져 있다.

커피의 포장 재료로 갖추어야 할 조건은 보향성, 차광성, 방기성, 방습성의 4가지 요소가 있다.

Chapter

4. 바리스타

1. 바리스타(Barista)란?

바리스타는 이태리어로 바 '(Bar) 안에 있는 사람'이라는 뜻이며, 영어로는 바 맨(Bar man)의 의미이다.

바리스타는 단순히 커피를 추출하고 제조하는 능력만을 소유한 사람이 아니다.

① 에스프레소의 추출능력과 좋은 원두 선택능력이 있으며

② 고객에게 최대한의 서비스마인드를 가지고

③ 경험과 기술을 과학과 예술로 승화시키며

④ 기술(Skill) + 관리(Management) + 조화(Harmony)를 지니고,

⑤ 서비스의 최전선에서 고객을 상대하고 고객의 욕구를 충족시키는 사람이다.

2. 에스프레소(Espresso)

(1) 에스프레소란?

에스프레소는 영어의 익스프레스(Express, 빠르다)에서 유래하였다. 곱게 분쇄한 원두에 뜨거운 물을 가압하여 짧은 시간에 기계를 통해 추출한 농축된 커피를 말한다. 강한 압력으로 단시간에 추출해서 카페인이 적고, 원두의 진한 맛과 향을 그대로 느낄 수 있다. 에스프레소 추출에 사용되는 커피의 양은 6~8g, 커피 추출량은 25~30mL, 물의 온도는 90~95℃, 물의 압력은 7~9Bar, 추출시간은 25~30초 정도가 된다. 에스프레소 잔은 지름 50~60mm, 용량 50~70mL 정도가 좋다.

에스프레소는 20세기 초반 이탈리아 밀라노(Milano, 이탈리아 북부 Lombardy의 주도)에서 탄생하였다. 에스프레소는 빠르게 추출하는 커피를 의미하며 30초 안에 커피의 모든 맛을 추출하며, 중력의 8～10배 압력을 가하여 수용성 성분 외에 비수용성 성분도 함께 추출한다.

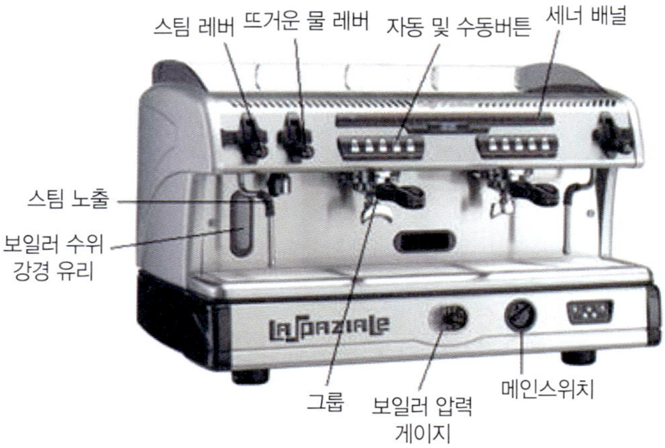

그림 4-1　에스프레소 머신의 구조

(2) 에스프레소의 조건

요소	내용	요소	내용
커피양	7+1.0g	물의 압력	8+1 bar
추출시간	25+5초	물의 온도	90～95℃
추출양	25+5cc	pH	5.2

(3) 에스프레소의 물리적 특성

에스프레소는 가용성 고형성분과 불용성 커피 오일이 함께 추출되어 커피추출액에 함유되어 있어 순수한 물과 비교했을 때 물리적 특성들이 다른 양상을 보인다.

(4) 에스프레소의 탄생

증기압을 이용한 커피기계가 개발되어 1855년 파리 만국박람회에 선보이면서 에스프레소의 유행이 시작되었다. 1901년에 이태리 밀라노의 루이지베제가 증기압을 이용하여 커피를 추출하는 에스프레소 머신의 특허를 출원하였다.

1947년 가지아는 스프링으로 동력이 전달되는 피스톤 방식의 머신을 개발하여 특허를 받으면서 커피가루를 더 미세하게 분쇄할 수 있게 되었으며 크레마(Crema)의 생성이 가능하게 하였다.

표 4-1 에스프레소 머신의 종류

종 류	특 성
수동식 머신	사람의 힘으로 피스톤을 작동하여 추출하는 방식
반자동머신	별도의 그라인더를 통해 분쇄를 한 후 탬핑을 하여 추출하는 방식으로 추출버튼이 on-off만 되어 있고 플로우미터가 없는 것
자동머신	탬핑 작업을 하여 추출을 하나 메모리칩이 장착되어 있어 물량을 자동으로 세팅할 수 있는 방식

(5) 에스프레소의 종류

에스프레소는 추출 정도에 따라 다른 이름이 붙는데 리스트레토(Ristretto), 에스프레소(Espresso), 룽고(Lungo), 도피오(Doppio) 등이 있다.

① 리스트레토

추출시간을 짧게 해서 15~25mL의 작은 양을 진하게 추출한 커피이다. 이탈리아에서는 에스프레소보다 리스트레토를 즐기는 사람들이 더 많다.

② 에스프레소

에스프레소는 모든 메뉴의 기본이다. 25~30mL 정도의 커피를 작은 컵(Demitasse)에 제공한다. 원두의 진한 맛과 향을 그대로 느낄 수 있다.

③ 룽고

영어의 롱(Long, 긴, 오랜)에서 유래되었다. 원두를 1샷의 분량으로 추출시간을 길게 하여 35~45mL로 묽게 추출한 커피이다.

④ 도피오

영어의 더블(Double, 두 배)에서 유래되었다. 한 잔에 에스프레소 2샷을 넣은 커피이다. 일반 에스프레소 양의 두 배(50~60mL)가 된다. 리스트레토나 룽고도 도피오가 가능하다.

표 4-2 에스프레소의 종류

종류	특성
Ristretto(압축된 ; 15~25mL)	양이 적고 진하게 추출된 에스프레소
Lungo(긴, 오랜 ; 35~45mL)	양이 많고 묽게 추출된 에스프레소
Doppio(두 배의 ; 50~60mL)	일반 에스프레소 양의 두 배

(6) 에스프레소 머신

에스프레소 머신에서 가장 중요한 요소는 안정적인 온도와 일정한 추출압력이다. 이 두 가지 요소가 커피의 맛과 향에 큰 영향을 미친다. 에스프레소 추출수단인 머신의 기본구조와 관리요령을 살펴보면 다음과 같다.

1) 보일러(Boiler)

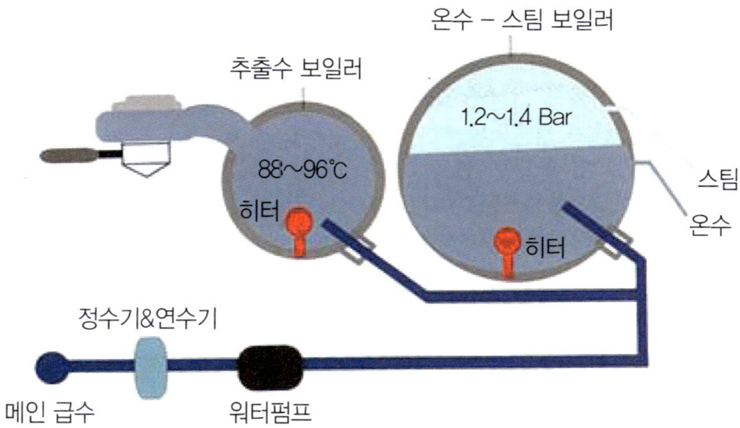

그림 4-2 에스프레소 머신의 보일러 구조

에스프레소 머신의 보일러는 발전소와 같다. 전기로 물을 가열하여 온수와 스팀을 공급하는 역할을 한다. 보일러 내부의 70%는 물로 채워져 있고, 30%는 빈 상태로 되어 있다. 70%의 공간에는 온수가 저장되고 나머지 30%의 공간에 스팀이 저장된다. 이때 스팀의 압력은 1~1.2Bar를 유지하며 보일러 물의 온도는 120℃에 달하게 된다. 내부의 재질은 부식을 방지하기 위해 니켈로 도금되어 있다. 지속적으로 사용하면 보일러 내부에 스케일이 발생하드로 1~2년에 한 번씩은 제거해 주어야 한다.

2) 포터필터(Portafilter)

분쇄된 커피를 담아 그룹헤드에 장착시키는 기구이다. 필터 홀더(Filter Holder), 필터 고정 스프링, 필터 바스켓(Filter Basket), 추출구(Spout) 등으로 구성되어 있으며 포터필터는 항상 그룹헤드에 장착하여 예열해 주어야 한다. 포터필터 추출구(1구와 2구)에 따라 1잔용과 2잔용이 있다.

3) 그룹헤드(Group Head)

에스프레소 추출을 위해 물이 통과하는 부분으로 포터필터를 장착하는 곳이다. 그룹의 수에 따라 1그룹, 2그룹, 3그룹 등으로 구분된다. 그룹헤드는 개스킷(Gasket), 샤워 홀더(Shower Holder), 샤워 스크린(Shower Screen) 등이 결합된 구조이다. 주기적으로 교체하거나 청소해 주어야 양질의 에스프레소를 얻을 수 있다. 외부에 노출되어 있기 때문에 온도 유지가 매우 중요하다.

4) 펌프 모터

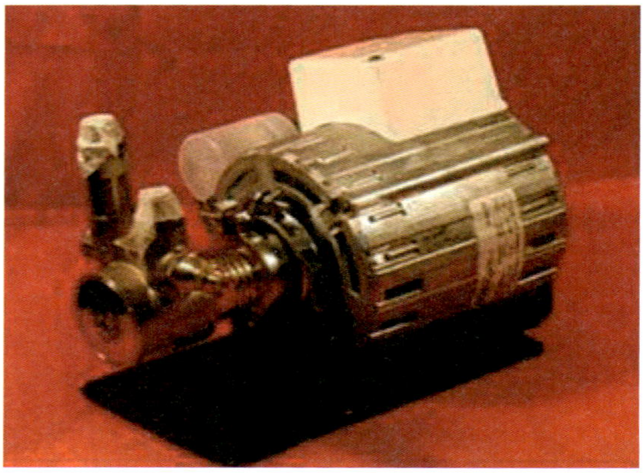

펌프는 모터의 회전에 의해 작동한다. 펌프를 통과하면서 1~2bar 압력의 수돗물을 7~9bar까지 승압시켜 주는 역할을 한다. 압력레벨을 조절하는 방법은 간단하다. 펌프에 있는 작은 나사를 시계방향으로 돌리면 압력이 증가하고, 시계 반대방향으로 돌리면 압력이 감소한다. 일반적으로 9bar의 압력을 가장 많이 사용한다.

5) 압력 게이지

펌프의 압력과 스팀의 압력을 눈으로 확인하는 측정장치이다. 합력 게이지의 범위는 0~16bar까지 표시되어 있다. 바늘이 8~10bar 안에 있으면 정상적으로 작동하는 것이고, 정상범위는 녹색으로, 위험수위는 적색으로 표시된다.

6) 스팀 노즐

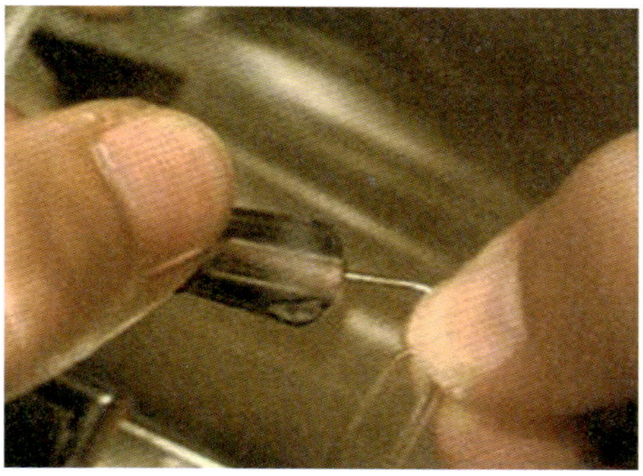

기계에서 스팀이 추출되는 노즐이다. 스팀 노즐은 구멍이 3~5개 있는 것이 주로 사용된다. 우유를 데우는 역할을 하므로 청결이 무엇보다도 중요하다. 사용 후에 잘 닦아주고, 노즐 부분은 분리해서 청소해야 한다. 우유가 안에서 굳어지면 스팀이 점차 약해지는 현상이 일어날 수 있다.

7) 작동 버튼

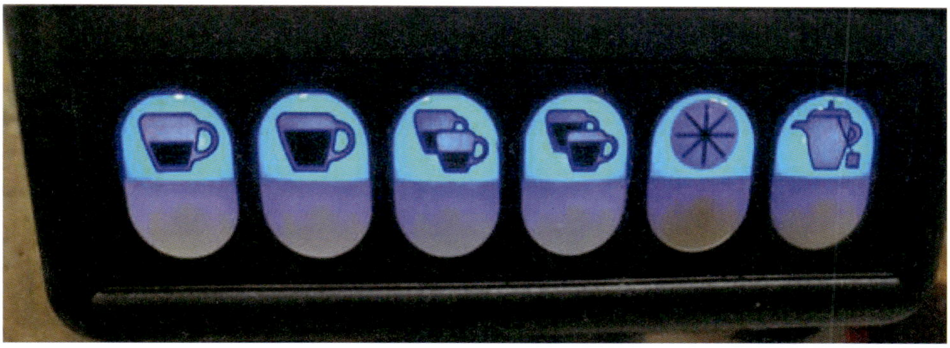

커피 추출버튼을 말한다. 추출버튼을 누르면 일정량이 나오고 스위치 작동이 자동으로 멈춘다. 원하는 양만큼 추출량을 조절할 수 있다.

8) 기타

컵 워머(Cup Warmer)는 에스프레소 머신의 윗부분에 잔이나 받침 등을 올려놓는 곳으로 내장된 히터에 의해 예열된다.

온수 노즐은 추출액이나 물을 버릴 수 있는 머신 하부에 있는 장치이다.

(7) 에스프레소 그라인더

원두의 성분이 물에 용해되기 쉽도록 잘게 부수는 과정을 '분쇄(Grinding)'라고 한다. 분쇄입자는 에스프레소의 품질과 직결된다. 에스프레소 머신을 이용해 압력으로 추출하는 것과 중력에 의해서만 물을 통과시키는 핸드 드립으로 원두를 추출하고 갈아내는 것은 전혀 다르다.

일반적으로 에스프레소 커피(0.01~0.3mm)는 밀가루보다 굵고 설탕보다는 가늘게 간다. 그리고 분쇄된 커피는 산패가 빨리 진행되어 신선도가 떨어지므로 추출할 때 바로 분쇄해야 한다.

1) 호퍼(Hopper)

호퍼는 원두를 담는 통을 말한다. 용량은 1kg 정도이며 모양은 원통형, 사각형 등이 있다. 원두에서 나온 기름 성분이 달라붙어 커피 맛에 나쁜 영향을 끼치므로 일주일에 한 번 정도는 세제로 세척해서 사용해야 한다.

2) 입자조절판

원두의 입자는 커피의 품질과 직결된다. 입자조절판은 나사식으로 조절하게 되어 있다. 손잡이를 시계방향으로 돌리면 숫자가 커지면서 입자가 굵어지고 반대로 돌리면 입자가 가늘어진다. 나사선에 커피 찌꺼기가 끼지 않도록 청결하게 관리해야 한다.

3) 도저(Doser)

도저는 분쇄된 원두를 보관하고 일정량을 포터필터에 담아 주는 역할을 한다. 도저는 6개의 칸으로 나누어져 있으며 시계방향으로 회전하기 때문에 조절레버(Adjusting Knob)를 이용해서 커피 투입량을 조절할 수 있다. 시계방향으로 돌리면 양이 줄어들고 반대방향으로 돌리면 양이 늘어난다. 도저도 수시로 청소해야 한다.

4) 배출레버

분쇄 커피를 배출해서 포터필터에 담기도록 하는 장치이다. 레버를 앞으로 당기면 시계방향으로 돌면서 분쇄된 커피가루가 아래로 떨어진다. 앞으로 당긴 후 놓아주면 리턴 스프링에 의해 자동으로 복귀하게 된다.

5) 그라인더 날

그라인더의 생명은 바로 칼날이다. 그라인더 날은 원두를 갈아주는 톱니바퀴 모양의 원형 칼날을 지칭하며 평면형(Flat Burr)과 원추형(Conical Burr)의 2가지가 있다. 평면형은 평평한 회전 칼날 두 개가 엇갈리게 돌아가면서 분쇄해 주는 방식이고, 원추형은 바깥 테두리 칼날과 중앙의 두툼한 칼날이 돌아가면서 분쇄시켜 주는 방식이다. 원하는 분쇄입자에 따라 두 개의 칼날 사이를 조이고 늘리면서 단계를 조절할 수 있다.

대개 날이 클수록 분쇄면적이 넓어지면서 열은 적게 발생한다. 그라인더 날은 매일 청소해 주는 것이 가장 좋다. 최소한 일주일에 한 번 정도는 부드러운 솔로 깨끗이 청소해야 한다.

그라인더 날은 그라인더에서 가장 중요한 부분으로 두 개가 한 쌍으로 되어 있다. 플랫형 커팅방식 구조로 커피입자를 보다 작게 분쇄할 수 있으나 열 발생이 많아 그라인더 날의 주기가 그만큼 짧아진다. 분쇄 시 열이 많이 발생하므로 사용시간의 2배 이상의 휴식시간을 주어야 한다.

(8) 에스프레소의 분쇄

에스프레소 추출을 위한 커피의 분쇄는 다른 추출방법과 달리 분쇄입도가 매우 가늘어야(0.3mm) 하며 일반적으로 밀가루보다 굵게 설탕보다는 가늘게라는 표현을 사용한다. 에스프레소 커피는 입자의 표면적이 원두에 비해 극도로 넓어 쉽게 산패하므로 추출 시 분쇄를 해야 한다.

(9) 에스프레소의 기능

부품	기능
보일러 (Boiler)	열선이 내장되어 있어 전기로 물을 가열해 온수와 스팀을 공급하는 중요한 역할을 한다. 본체는 동 재질로 되어 있으며 내부는 부식을 방지하기 위하여 니켈로 도금이 되어 있다.
그룹헤드 (Group head)	에스프레소 추출을 위해 물이 공급되는 부분으로 포터필터를 장착하는 곳을 말한다.
개스킷 (Gasket)	추출 시 고온 고압의 물이 새지 않도록 차단하는 역할을 한다.
샤워홀더 (Shower holder)	그룹헤드 본체에서 한 줄기로 나온 물이 홀더를 지나면서 4~6개의 물줄기로 갈라져 필터 전체에 골고루 압력이 걸리도록 해준다.
샤워스크린 (Shower screen)	샤워 홀더를 통과한 물을 미세한 줄기로 분사시키는 역할을 해준다.
포터필터 (Porta filter)	분쇄된 커피를 담아 그룹헤드에 장착시키는 기구를 말하며 필터 홀더와 필터 고정 스프링 필터, 추출구 등으로 구성되어 있다.
펌프 모터 (Pump moter)	압력을 7~9bar까지 상승시키는 역할을 한다. 이상이 생기게 되면 물 공급이 제대로 되지 않아 심한 소음이 나게 되며 또한 압력이 올라가지 않는다.
솔레노이드 밸브 (Solenoid valve)	물의 흐름을 통제하는 부품으로 보일러에 유입되는 찬물과 보일러에서 데워진 온수의 추출을 조절하는 역할을 한다. 그룹헤드에 부착된 3극 솔레노이드 밸브는 커피추출에 사용되는 물의 흐름을 통제한다.
플로우 미터 (Flow meter)	플로우 미터는 커피추출 물량을 감지하는 부품으로 고장이 나면 커피추출 물량이 제대로 조절되지 않게 된다.

표 4-3　에스프레소의 추출기준

구 분	내 용
커피의 양 (g)	6~8
커피 추출량 (mL)	25~30
물의 온도 (℃)	90~95
물의 압력 (bar)	7~9
추출시간 (초)	25~30

(10) 에스프레소 추출

에스프레소는 기계를 통해 추출하는 커피이다. 원두분쇄, 탬핑과 태핑, 포터필터 장착 등 여러 과정을 거친다. 따라서 추출에 필요한 도구의 사용방법을 충분히 숙지하고 있어야 한다.

1) 포터필터 분리 / 물기 제거

그룹헤드에 장착되어 있는 포터필터를 8시 방향 좌측으로 돌려 포터필터를 분리시킨다. 무게가 600g 정도로 무겁기 때문에 떨어뜨리지 않도록 주의한다. 커피를 받기 전에 마른 행주로 필터 바스켓의 물기를 제거한다.

2) 원두 분쇄 / 커피 받기

포터필터를 받침대에 놓고 그라인더의 전원버튼을 누른다. 호퍼(Hopper) 안에 있는 원두가 분쇄되면서 도저(Doser, 용기)에 담긴다. 도저의 배출레버를 앞으로 당겨서 포터필터에 골고루 커피를 받는다. 이 동작을 도징(Dosing)이라고 한다. 포터필터에 70~80% 정도의 커피가 차면 전원버튼을 끄고, 도저에 있는 잔량의 커피로 나머지를 채운다. 분쇄된 커피는 산패가 빨리 진행되어 신선도가 떨어지므로 포터필터에 담을 만큼 분쇄하여 사용한다.

3) 커피 고르기

커피의 표면을 고르게 하여 담아주는 것을 '레벨링(Leveling)'이라고 한다. 포터 필터에 커피의 표면을 고르게 담지 않으면 빈 공간이 생기고 물길이 발생하여 커피가 과소 추출된다.

4) 탬핑과 태핑

탬핑은 기술적인 면에서 바리스타가 하는 마지막 추출기술이다. 보통 1차 탬핑, 태핑, 2차 탬핑 순으로 나누어서 한다. 하지만 바리스타에 따라 탬핑 1회로 그치는 경우도 있다.

① 1차 탬핑(Tamping)

탬핑(Tamping)이란 필터 홀더에 담긴 분쇄된 커피를 평평하게 고른 후, 탬퍼(Tamper)로 눌러 다지는 작업을 말한다. 탬핑은 에스프레소 기계의 뜨거운 물이 커피입자 사이로 고르게 통과하게 하기 위한 것이다. 이 과정에서 눌러지는 커피가 어느 한쪽으로 기울게 되면 내려오는 물이 기울어진 곳으로 많이 흘러 커피의 맛이 일정하지 않게 된다. 1차 탬핑은 살짝 다져주는 정도로 하는데 보통 2~3kg 정도의 압력으로 커피를 수평으로 부드럽게 눌러 준다.

탬퍼는 필터 홀더에 커피를 채우고 단단하게 눌러주는 기구를 말한다. 탬퍼의 종류에는 그라인더에 부착되어 있는 탬퍼와 스테인리스 탬퍼, 알루미늄 탬퍼, 플라스틱 탬퍼 등이 있다.

1차 탬핑의 장점과 사용기구는 다음과 같다.

- 스테인리스 탬퍼는 무게가 있기 때문에 적은 힘으로 탬핑할 수 있다.
- 알루미늄 탬퍼는 자기 스스로 탬핑하는 힘을 조절하며 사용할 수 있는 것이 큰 장점이다.
- 플라스틱 탬퍼는 주로 수평을 맞추기 위해 사용한다.

이러한 탬퍼 중에서 자기에게 맞는 탬퍼를 선택해서 사용하면 된다.

② 태핑(Tapping)

1차 탬핑을 하고 나면 필터 홀더 내벽에 커피가루가 붙게 된다. 이때 탬퍼 손잡이로 필터 홀더를 2~3회 부드럽게 쳐서 필터 바스켓 안으로 커피가루를 떨어뜨리기 위한 동작을 태핑(Tapping)이라고 한다. 이때 태핑의 강도가 너무 약하면 가루가 떨어지지 않고, 너무 세면 커피의 표면에 균열이 생기므로 가루가 떨어질 정도로만 한다.

③ 2차 탬핑(Tamping)

2차 탬핑은 자기 몸에 맞는 힘으로 세게 누른다. 보통 13~15kg 정도의 압력으로 수평이 되도록 한다. 수평이 맞지 않으면 쓴맛이 강한 에스프레소가 추출되는데, 이는 기울기가 내려간 쪽에서 과잉추출이 일어나기 때문이다.

④ 가장자리 정리

탬핑 완료 후 필터 홀더 가장자리에 붙어 있는 커피가루를 손으로 털어내며 마무리한다. 이때 넉 박스(Knock Box, 찌꺼기통) 위에서 하고, 추출구(Spout)에 커피가루가 묻지 않도록 주의한다.

⑤ 추출 전 물 흘리기

그룹헤드에 장착하기 전에 추출버튼을 눌러 물을 2~3초 정도 빼준다. 이는 샤워스크린에 붙어 있는 찌꺼기를 제거하고, 추출할 때 물의 적정온도를 맞추기 위한 것이다.

⑥ 포터필터 장착

포터필터는 8시 방향에서 삽입하고 몸 쪽으로 당겨 장착한다. 잘 다져진 커피에 균열이 생기지 않도록 그룹헤드와 충돌이 없게 부드러운 동작으로 끼워 넣는다. 먼저 뒤쪽을 접촉시킨 후 앞쪽을 약간 들어 올리면서 끼우면 쉽다.

⑦ 추출

포터필터를 장착한 후 바로 추출버튼을 누르고, 워머에 있는 예열된 잔을 내려놓는다. 이때 에스프레소 줄기가 커피잔 바닥에 바로 떨어지면 벽면에 지저분하게 튄다. 따라서 잔의 가장자리에 비스듬하게 떨어지도록 받는 것이 좋다.

⑧ 포터필터 청소 / 그룹헤드 장착

추출이 완료되면 정리정돈을 한다. 먼저, 포터필터를 뽑아 쿠키의 상태를 눈으로 점검한다. 물이 흥건하거나 홈이 생기면 투입량이 적거나 고르기 동작에서 잘못된 경우이다. 넉 박스(Knock Box)의 고무 손잡이에 살짝 쳐서 쿠키를 버린다. 추출버튼을 눌러 포터필터를 물로 청소한 후 그룹헤드에 장착한다. 포터필터는 항상 그룹헤드에 장착시켜야 온도가 유지되어 다음 추출에 좋은 영향을 준다.

guide

• **크레마** (Crema)

크레마는 영어로 말하면 크림이다. 크레마는 노란빛이 감도는 부드러운 갈색 거품형태로 두툼하게 잔에 담기게 된다. 형성원리는 물이 매우 높은 압력에 의해 커피가루를 통과하게 되고 향을 담당하는 용해성 물질과 비용해성 물질까지 빨아들이며 크레마가 형성된다.

5) 추출결과

에스프레소는 짧은 시간에 추출되므로 분쇄도, 탬핑 강도, 커피 양, 물의 온도 등의 추출요소에 의해 아주 민감한 결과를 낳는다. 커피성분이 너무 적게 추출되거나 너무 많이 나오게 되면 커피가 너무 싱겁거나 잡맛이 나므로 항상 추출이 적정범위 내에서 이루어지도록 해야 한다.

표 4-4 추출시간에 따른 조건과 결과

구분	과소추출	과다추출
입자의 크기	분쇄입자가 너무 굵다.	분쇄입자가 너무 가늘다.
커피 사용량	기준량보다 적은 커피를 사용	기준량보다 많은 커피를 사용
물의 온도	기준보다 낮은 경우	기준보다 높은 경우
추출시간	너무 짧은 추출시간	너무 긴 추출시간
바스켓 필터	구멍이 너무 큰 경우	구멍이 막힌 경우

6) 에스프레소의 추출편차가 발생하는 원인과 해결 방안

바리스타의 능력에 따라 커피 맛이 좌우된다. 에스프레소를 추출할 때 기계의 특성을 파악하고 원두의 변화와 추출원리를 이해하여야 한다.

다음 쪽에 커피를 추출할 때 발생하는 여러 가지 편차에 대한 사례가 나와 있다.

표 4-5 커피 추출편차에 따른 현상의 원인과 해결 방안

현 상	원 인	해결 방안
커피의 향이 너무 약하다.	• 커피의 사용량이 적다. • 커피의 보관이 잘못되었다. • 커피의 분쇄입자가 굵다. • 물의 추출압력이 낮다. • 물에 석회질 성분이 많다.	• 6~8g의 커피를 사용한다. • 실온 보관된 커피를 사용한다. • 분쇄입자의 굵기를 조절한다. • 8~10bar로 압력을 조절한다. • 연수기의 물을 사용한다.
커피에서 신맛이 난다.	• 커피를 너무 옅게 볶았다. • 커피 추출온도가 너무 낮다. • 커피 추출시간이 짧다.	• 강 배전된 원두와 블렌딩한다. • 90~95℃로 온도를 조절한다. • 20~30초에서 추출을 한다.
커피가 너무 쓰다.	• 커피의 사용량이 많다. • 원두가 강 배전되었다. • 로부스타종이 다량 함유되었다. • 커피의 분쇄입자가 가늘다.	• 6~8g의 커피를 사용한다. • 약 배전된 원두와 혼합한다. • 아라비카종과 혼합한다. • 분쇄입자의 굵기를 조절한다.
크레마가 많지 않다.	• 필터바스켓이 막혀서 추출시간이 오래 걸렸다. • 헤드 필터가 막혀서 추출이 고르게 되지 않았다. • 추출수 온도가 매우 높다. • 추출속도가 매우 빠르다.	• 필터바스켓을 청소하거나 교체한다. • 헤드 필터를 청소하거나 교체한다. • 추출수 온도를 낮춘다. • 투입량과 분쇄 굵기를 조절한다.
추출시간이 오래 걸린다.	• 분쇄커피가 너무 가늘다. • 탬핑의 강도가 너무 강하다. • 커피의 투입량이 매우 많다. • 펌프압력이 9bar 이하이다.	• 그라인더 입자 굵기를 조절한다. • 탬핑의 강도를 약하게 한다. • 커피의 투입량을 줄인다. • 펌프압력을 9bar로 높인다.

1. 잔 준비하기

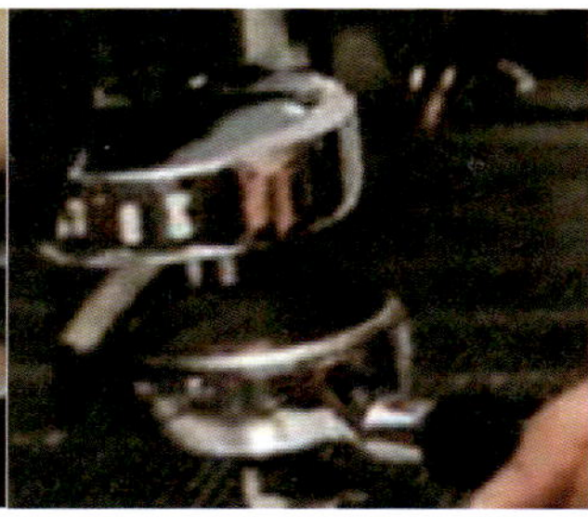

2. 필터 홀더 뽑기

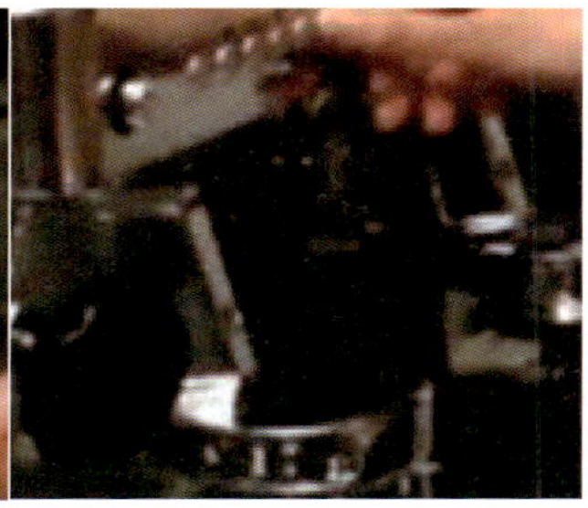

3. 물 흘려 버리기

4. 필터 바스켓 닦기

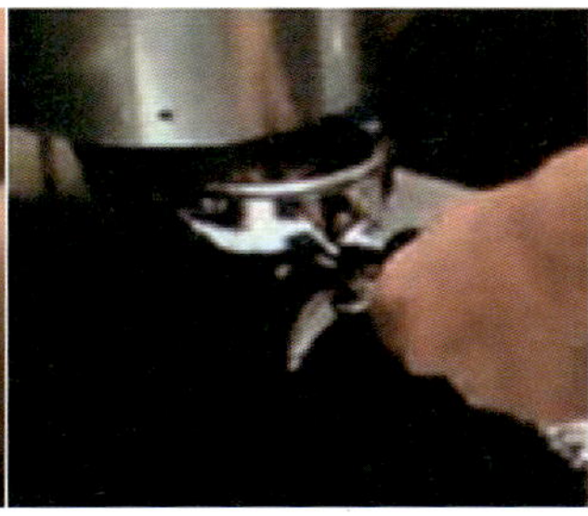

5. 거치대에 필터 홀더 올리고 그라인더 작동하기

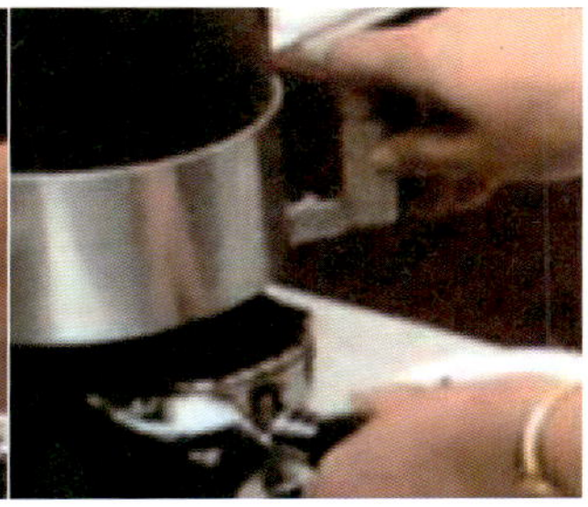

6. 레버 당겨서 담기

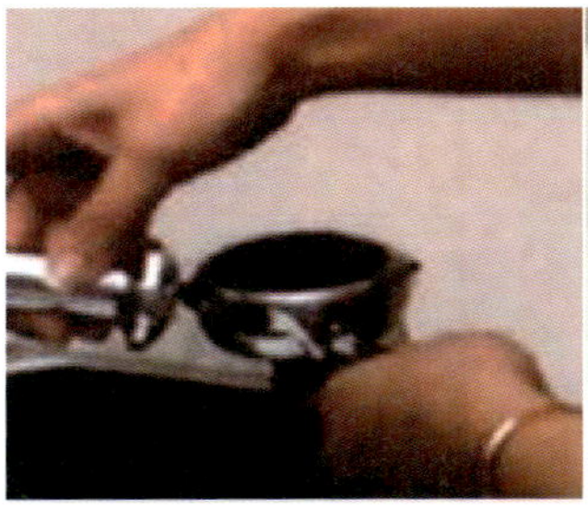

7. 고르기

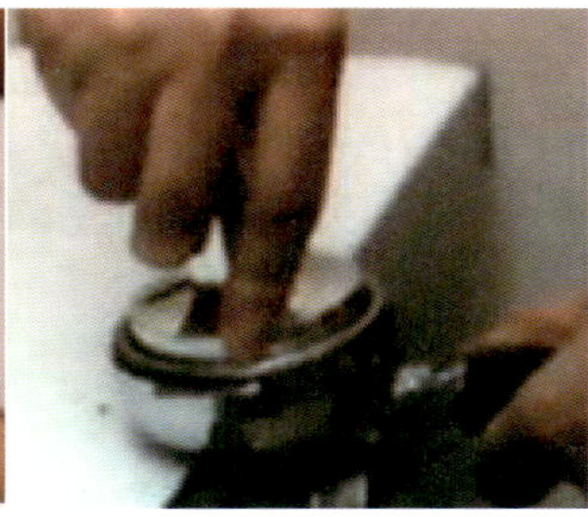

8. 누르기(탬핑)–두 번

9. 가장자리 털어내기

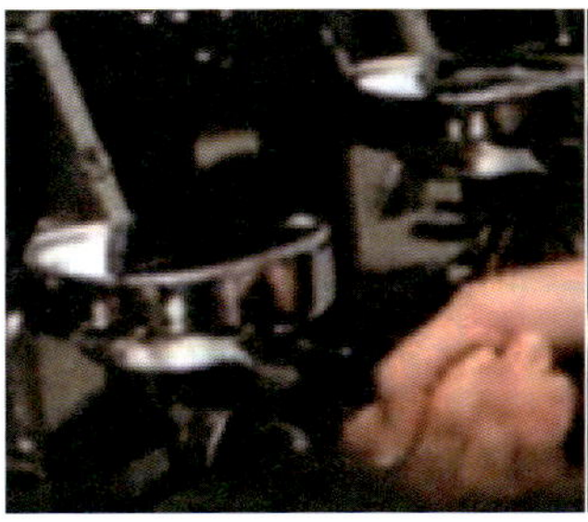

10. 그룹헤드에 장착

11. 추출버튼 누르고 잔에 내려받기

12. 필터 홀더 뽑기

그림 4–3 에스프레소의 추출과정

(11) 우유 스티밍(Steaming) 과정

우유 스티밍이란 우유에 공기(수증기)를 불어넣어서 우유의 온도를 높이면서 우유표면에 공기를 끌어들여 거품을 만드는 것이다.

커다란 소리는 거친 거품을 발생시키며, 미세한 소리는 고운 거품을 일으킨다. 스티밍이 잘 된 우유는 점성이 있고 거품의 표면이 반질반질하게 윤이 나고 고우며 부드러운 느낌을 주며 음료의 균질성을 유지한다.

1) 스팀분사

사용 전에 스팀레버의 작동 이상 유무를 확인한다.

특히 노즐 안에 식은 물이 차 있는 경우 필히 분사시킨다.

2) 스티밍하기

우유표면에 스팀레버 끝부분 1/3 정도를 담그고 '치지직' 소리를 통해서 공기를 주입한다.

3) 혼합하기

① 1차 혼합하기: 일정선까지 부풀어 오르면 가장자리 쪽으로 피처를 이동하여 우유가 회전할 수 있도록 한다.

거품이 증가하는 온도 : 35 ~ 40℃

② 2차 혼합하기: 회전력이 발생하면 노즐이 피처 중앙에 오도록 하여 우유와 거품이 섞이도록 한다.

거품과 우유 혼합온도 : 60 ~ 65℃

4) 이때 피처를 손으로 만져서 뜨거우면 완성된 상태

스팀종료온도 : 70℃

5) 스팀 밸브 닦아내기 및 스팀분사

스팀 노즐 사용 후 젖은 행주로 닦아내고 내부의 압력차로 인해 빨려 들어간 우유를 분사시켜 제거한다.

6) 최종 마무리

거친 거품이 있는 경우 스팀피처를 가볍게 바닥에 쳐서 제거하고 흔들어 준다. 거품과 우유를 잘 혼합하기 위한 동작이다. 시간이 경과할수록 우유의 온도가 떨어지므로 주의한다.

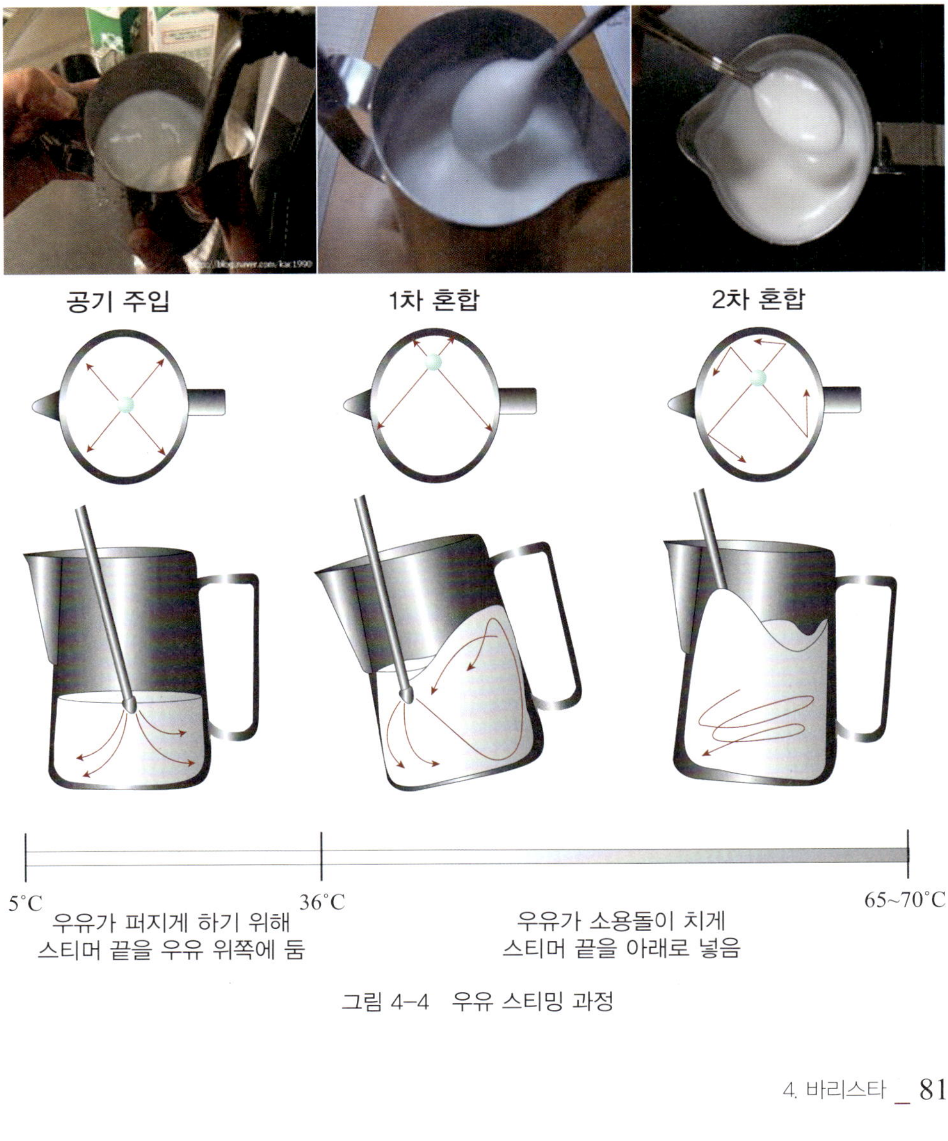

그림 4-4 우유 스티밍 과정

• 스팀피처를 이용한 우유 스티밍 시 유의할 점

1. 반드시 5℃의 신선한 우유를 사용한다.

우유 온도가 낮으면 우유를 데우는 데 많은 시간이 걸리고, 반대로 온도가 높으면 거품이 다 만들어지기도 전에 우유 온도가 높아질 수 있다. 그리고, 재생 우유는 절대 사용하지 않는다. 다시 가열하게 되면 비린내가 심해질 수 있기 때문이다.

2. 스팀 압력은 최대로 올려서 항상 일정하게 유지한다.

스팀 압력을 중간에 조절하면 거품이 불균일하게 발생할 수 있다. 또한 최대로 올리지 않을 경우 압력이 모자라 거품 발생에 지장을 초래한다. 일정 압력 수준의 스팀이 강하게 나와야 강한 회전력을 일으킬 수 있다.

3. 올바른 자세를 유지한다.

스팀이 가동되는 중에는 피처를 항상 두 손으로 받친다. 온도의 변화에 민감하게 반응할 수 있다.

자세가 올바르지 않으면 몸에 불균형이 생겨 자신도 모르게 노즐의 위치가 이동될 수 있으니 각별한 주의가 필요하다.

4. 스티밍 시 모든 감각을 집중한다.

훌륭한 거품을 내기 위해서는 손과 귀와 눈이 피처에 집중하고 있어야 한다.

공기가 주입되는 소리, 양손에 느껴지는 회전에 의한 진동, 거품이 올라오는 모양을 유심히 살피면서 스티밍을 할 수 있도록 한다.

5. 스팀 노즐은 항상 청결히 유지한다.

우유 거품을 내기 전 한번 스팀을 틀어 노즐에 고여있던 물을 빼내야 한다.

거품 작업을 마친 후에는 깨끗한 행주로 노즐에 묻은 우유를 닦아내고 스팀을 틀어 혹시라도 노즐 속으로 들어갔을지 모를 미세한 양의 우유를 제거해야 한다.

Chapter

5. 세계의 커피 원산지

표 5-1 우리나라에서 가장 많이 수입한 커피 'Top 5' (2011년)

국 가	품 종	대표 제품	특 징
브라질	아라비카	산토스	쓰고 신맛이 나며 향기가 좋고 풍미가 일정해 블렌딩 커피의 기본이 됨.
콜롬비아	아라비카	메델린	달콤한 향기와 신맛
베트남	로부스타	콘삭	주로 인스턴트커피에 사용되는 커피. 생산량은 세계 2위 수준
온두라스	아라비카	SHG	주로 값이 저렴한 블렌딩용. 부드러운 맛으로 특별히 튀는 향이 없음.
페루	아라비카	찬찬마요	좋은 신맛과 달콤한 맛. 주로 블렌딩용으로 사용됨.

1. 아프리카

아프리카 커피 원산지는 크게 에티오피아, 예멘, 케냐, 탄자니아 등 주로 아프리카 동북부 지역에 위치한 국가가 대표적이다. 최근 원두커피에 대한 관심이 높아지는 가운데 아프리카 커피에 대한 인기가 급상승하고 있다.

(1) 에티오피아

커피의 고향 에티오피아는 아라비카(Arabica) 커피의 원산지이다. 적도의 고지대에 위치하여 최적의 커피재배 환경을 지녔으며 아프리카 최대의 커피 생산국이기도 하다. 개화기는 12~3월이며, 수확기는 습식법 커피가 7~12월, 건식법 커피가 10~3월이다. 커피의 절반 이상이 해발 1,500m 이상의 고지대에서 생산되며 가공방식은 습식법과 건식법을 함께 사용하고 있다.

커피의 등급은 생두 300g당 결점두(Defect)의 수에 따라 8등급으로 나뉜다. 결점두는 생두의 재배나 가공과정에서 생긴 비정상적인 생두로, 커피의 품질을 떨어뜨린다. 이 중에 1~5등급은 UGQ(Usual Good Quality)라고 불리며 수출이 가능하다. 반면에 6~8등급은 수출금지 등급이다.

1) 에티오피아 커피의 등급분류

등급	결점두(생두 300g당)	분류
Grade 1	3개 이하	UGQ(Usual Good Quality)
Grade 2	4~12개	
Grade 3	13~25개	
Grade 4	26~45개	
Grade 5	46~100개	
Grade 6	101~153개	수출금지 등급
Grade 7	154~340개	
Grade 8	340개 이상	

2) 에티오피아의 커피 생산지

에티오피아의 주요 커피 생산지는 하라(Harrar), 예가체프(Yirgacheffe), 시다모(Sidamo), 리무(Limmu), 짐마(Djimmah) 등이다. 주요 산지의 명칭은 대표적인 커피의 브랜드로 사용되고 있다.

① 하라

에티오피아를 대표하는 전통적인 커피이다. 기후 조건이 열악하고 물이 부족하여 커피 열매를 햇볕에 말리는 건식법(Natural)으로 가공한다. 이에 따라 수확하고 남은 열매나 미숙두 등이 섞여 G4의 낮은 등급이 일반적이다. 하지만 해발 3,000m 이상에서 재배되어 깊고 중후한 맛과 초콜릿의 향미를 느낄 수 있다.

② 예가체프

에티오피아 남쪽에 위치한 예가체프에서 생산되는 고급 커피이다. 커피 열매의 과육을 물로 세척하는 습식법을 사용하여 깔끔하고 바디감이 좋은 커피로 알려져 있다. 결점두가 적은 G2(2등급)의 높은 품질의 커피가 보통이다. '비옥한 땅을 보존한다'는 뜻의 예가체프 커피는 꽃향기를 담은 듯한 향이 매혹적이다.

③ 시다모

카페인이 상대적으로 적어 저녁에 마시기에도 부담이 없는 커피이다. 부드러운 신맛과 단맛, 그리고 자연스러운 꽃향기가 특징이다. 예가체프와 시다모 지역의 커피는 산미와 향미가 비슷해서 구분하기가 쉽지 않다. 커피의 맛과 향이 예가체프보다 좀 더 강하여 남성적이라고 표현한다. 예가체프와 함께 '커피의 귀부인'으로 불린다.

④ 리무

에티오피아 서부의 리무 지역 커피이다. 생두는 둥근 형태이고 크기는 중간 정도이며 푸른빛을 띤다. 커피 열매의 과육은 습식법으로 가공한다. 부드러운 맛과 와인의 풍미가 느껴진다. 세계 미식가용(Gourmet) 커피로 비교적 우리나라보다는 유럽이나 미국에서 인기가 있다.

⑤ 짐마

아라비카 커피의 원산지이자 커피의 고향이다. 커피가 발견된 짐마는 옛 명칭이 카파(Kappa)로 커피의 이름이 유래된 곳이기도 하다. 커피 열매를 햇볕에 말리는 건식법으로 가공한다. 에티오피아 수출용 커피의 50%를 차지하고 있다. 부드러운 신맛과 단맛, 그리고 고소한 향미가 특징이다.

(2) 예멘

아라비아반도의 서남쪽에 위치한 예멘 커피는 '모카(Mocha)'로 불리기도 한다. 커피 수출항이었던 예멘의 모카에서 붙여진 이름이다. 예멘은 에티오피아와 홍해 가까이에 위치해 있다. 에티오피아에서 발견된 커피가 예멘으로 전래되었고, 중세 예멘의 주요 농작물이 되었다.

지형의 대부분은 화산암으로 이루어져 있어 미네랄이 풍부하고 인도양에서 불어오는 바람의 영향으로 커피재배에 알맞은 조건을 갖추고 있다. 소규모 농가 단위로 경작되고 최소한의 가지치기만 할 뿐 비료도 거의 주지 않기 때문에 대부분이 유기농커피이다.

가공방식도 수작업으로 이루어져 과육이 붙은 채로 건조시킨 다음 맷돌로 과육을 제거하기 때문에 생두의 모양은 거칠고, 불규칙한 외관을 가지게 된다. 그러나 깊고 그윽한 맛과 흙냄새와 초콜릿 향이 섞인 독특한 맛의 개성적인 커피로 평가받는다.

3~4월과 10~12월에 수확한 커피를 전통적인 건식법을 이용하여 가공한다.

1) 예멘의 커피 품종과 생산

대부분의 나라의 커피는 등급으로 나누어 품질을 나타내지만 예멘의 커피는 그 등급의 구분이 없다. 그 이유는 자연경작이 대부분이고 전통적인 건식법으로 가공하여 생두의 크기나 모양이 다르고, 생두를 통째로 빻아서 주전자에 넣고 끓여 먹기 때문이다. 그러나 베니 마타르(Bani Mattar), 히라즈(Hiraz), 사나(Sanaa) 지역의 커피는 고급품질로 인정받고 있다.

- 재배품종 : 아라비카(Arabica)
- 수확시기 : 3~4월과 10~12월
- 대표커피 : 모카 마타리, 모카 히라지, 사나니
- 주요 산지 : 베니 마타르, 히라지, 사나니

2) 예멘의 커피 생산지

① 마타리

예멘 북부의 베니 마타르의 고지대 지역에서 생산되는 예멘 최고의 커피이다. 자메이카의 블루마운틴(Blue Mountain), 하와이의 코나(Kona)와 더불어 세계 3대 명품 거피로 인정받고 있다. 과일향이 풍부하고, 신맛이 강하며 적절한 쓴맛과 단맛을 가지고 있다.

② 히라지

예멘 남서부 히라즈 지역의 고지대에서 생산되는 커피이다. 신맛과 과일의 향미가 강하면서 마타리보다 부드럽고 가벼운 맛을 가지고 있다.

③ 사나니

예멘의 수도 사나 근처 지역에서 생산되는 중급 커피이다. 다른 커피보다 향미가 약하지만 부드럽고 조화로운 향미를 가지고 있다.

(3) 케냐

케냐 커피의 기원은 19세기 후반 에티오피아 커피가 남예멘을 통해 케냐로 수입되면서 시작되었다. 케냐는 국가가 직접 커피를 관리하며 품질을 보증한다. 수천개의 농장에서 생산되는 커피는 경작, 수확, 처리과정이 매우 꼼꼼하게 관리된다. 그러한 노력으로 AA는 케냐 커피의 품질을 보증하는 상징이 되었다.

대부분 1,500m 이상의 고산지대에서 커피가 재배되어 강한 신맛, 감귤, 열대과일, 와인 같은 향미가 뛰어나다. 재배품종은 아라비카로 습식법(Wet Method)을 이용하여 가공한다.

1) 캐냐의 커피

우기와 건기의 구분이 뚜렷하지 않은 케냐에서는 1년에 2번의 개화기가 있어 수확도 2번 이뤄진다.

① 개화시기 : 3~4월(Main), 10~11월(Secondary)

② 수확시기 : 10~12월(60%), 6~8월(40%)

소규모의 농가에서 커피의 60%가 생산되며 핸드피킹(Hand Picking) 방식으로 수확을 한다. 수확된 커피체리를 근처 '팩토리'라 불리는 정제시설로 운반해 열매를 익은 정도에 따라 선별하는 수작업을 거친다. 잘 익은 커피체리를 모아 과육을 제거하고 파치먼트는 그대로 물속에서 비중 선별된 후 완전히 분리된다. 비중이 무거운 파치먼트일수록 품질이 좋은 것으로 취급한다. 커피의 등급은 생두의 크기를 기준으로 크게 4단계로 나뉜다.

③ 케냐 커피의 등급분류

등 급	Screen Size(1 screen size = 0.4mm)
AA	18
A	17
AB	15~16
C	14

주요 산지로는 케냐의 수도 나이로비(Nairobi) 북부, 케냐산(Mt. Kenya)의 고원지역, 나쿠루(Nakuru)의 동부지역, 우간다 접경지역인 엘곤산(Mt. Elgon) 등이 있다. 대표적인 커피는 케냐 더블에이(Kenya AA)와 이스테이트 케냐(Estate Kenya)가 유명하다.

(4) 탄자니아

아프리카 대륙 동부 인도양에 면한 나라이다. 북쪽으로는 케냐, 서쪽으로는 우간다, 르완다, 잠비아 등이 있다. 에티오피아, 케냐와 더불어 아프리카를 대표하는 커피 생산국이다.

탄자니아 커피의 기원은 1892년 독일의 지배를 받으면서 시작되었다. 1차 세계대전 이후 영국의 지배를 받으면서 커피산업이 발달했다. 유럽에서는 영국 왕실의 커피로 알려져 있다.

1) 탄자니아의 커피

- 재배품종 : 아라비카 75%, 로부스타 25%

- 대표커피 : 킬리만자로 커피(또는 탄자니아AA)
- 주요 산지 : 모시, 탕가, 탕가니카호수, 니아사(Nyasa)호수 주변

가장 대표적인 커피는 킬리만자로(또는 탄자니아 AA)이며 생두는 회색빛이 도는 녹색으로 강한 신맛과 뛰어난 향을 가지고 있다. 생두의 등급은 크기에 따라 아래와 같이 6단계로 나뉜다.

2) 탄자니아 커피의 등급분류

등 급	Screen Size(1 screen size = 0.4mm)
AA	18 이상
A	17 이상~18 이하
AMEX	
B	16 이상~17 이하
C	15 이상~16 이하
PB	Pea-Berry

탄자니아 커피는 깔끔하면서 입안에 가득 차오르는 풍미와 함께 와인과 같은 느낌을 준다. 에티오피아 커피보다 와일드하고 흙향이 강해서 가장 아프리카다운 커피로 평가받고 있다.

2. 아메리카

브라질과 콜롬비아는 세계 최대의 커피 생산국이다. 이 두 나라 외에도 코스타리카, 과테말라, 멕시코 등의 커피도 수많은 커피 마니아들에게 사랑받고 있다. 세계 3大 명품커피 중 '자메이카 블루마운틴'이 카리브해 연안에서 생산된다는 사실은 주목할 만하다. 모든 커피 중 밸런스가 가장 좋다고 평가되는 만큼 명실상부한 '커피의 여왕'이라고 칭할 수 있을 것이다. 그리고 온두라스, 도미니카 등에서 생산되는 독특한 색채를 간직한 커피가 마니아들의 사랑을 받고 있다.

(1) 브라질

정열의 나라 브라질에는 1727년 프랑스령 기아나(Guiana)를 통해 커피가 처음 소개되었다. 이후 1822년에 포르투갈로부터 독립하면서 본격적인 생산이 시작되었다. 전 세계 커피의 약 30% 이상을 생산하는 최대 커피 생산국이자 수출국이다. 다른 나라들에 비해 낮은 고도의 대규모 농장에서 커피를 경작한다. 따라서 뚜렷한 특징이 있는 커피라기보다는 중성적인 커피로 에스프레소 베이스 블렌딩(Espresso Base Blending)에 주로 사용된다.

1) 브라질 커피의 품종과 주요생산지

주요 품종으로는 아라비카 계통의 버번(Bourbon), 티피카(Typica), 문도 노보(Mundo Novo), 카투라(Caturra), 카투아이(Catuai), 마라고지페(Maragogype) 등이 있다. 로부스타 계통으로는 코닐론(Conilon) 등을 재배하고 있다.

커피 생산지역이 넓어서 지역별 기후조건과 토양 특성에 따라 다양한 품종 · 품질의 커피를 생산한다. 자연당도를 유지하기 위하여 건식가공법을 이용한다.

주요 생산지로는 미나스 제라이스(Minas Gerais), 상파울루(San Paulo), 파라나(Parana), 바이아(Bahia), 에스피리투 산토(Espirito Santo)가 있다. 커피의 품질등급은 결점두, 맛, 크기 등의 세 가지 방법으로 분류한다.

2) 결점두 수에 의한 분류

등 급	결 점 두(생두 300g당)
No. 2	4개 이하
No. 3	12개 이하
No. 4	26개 이하
No. 5	46개 이하
No. 6	86개 이하

3) 맛에 의한 분류

분 류	내 용
Strictly Soft	매우 부드럽고 단맛이 느껴짐
Soft	부드럽고 단맛이 느껴짐
Softish	약간 부드러움
Hard, Hardish	거친 맛이 느껴짐
Rioy	발효된 맛이 느껴짐
Rio	암모니아향, 발효된 맛이 느껴짐

대표적인 커피는 상파울루주(州)의 산토스에서 생산되는 것이다. 이 중에서도 버번 산토스(Bourbon Santos)는 뛰어난 품질로 정평이 나 있다. 원두는 약간 작은 편으로 콩에 빨간 줄무늬가 있는 것이 특징이다. 맛은 순하지만 신맛이 약간 있고 향기가 높다.

(2) 콜롬비아

1) 콜롬비아의 커피 생산환경

1800년대 초반 유럽의 선교사에 의해 콜롬비아에 커피가 소개되었고 1900년을 기점으로 세계 최대 커피 생산국가로 발전하였다. 커피의 절반 이상은 안데스산맥의 해발 1,400m 이상 고지대에서 경작된다.

안데스산맥 지대는 비옥한 화산재 토양과 온화한 기후, 적절한 강수량 그리고 습식가공을 가능케 하는 계곡의 풍부한 맑은 물이 있는 지역이다. 또한, 카리브해와 태평양 연안에 접하고 있어 편리한 교통과 수송비용을 줄일 수 있는 최적의 조건을 갖추고 있다.

콜롬비아에는 대형 농장이 별로 없다. 대부분의 커피가 카페테로(Cafetero)라고 불리는 농부들의 중소규모 자영농장에서 생산되고 있다. 게다가 1927년에 설립된 콜롬비아 커피생산자협회(FNC : Federacion Nacional de Cafeteros de Colombia)의 철저한 생산관리로 품질은 세계 1위로 인정받고 있다.

주요 생산지는 안데스 중부와 동부의 산악지역이다. 중부 산악지역에서 생산되는 고급 커피는 마니살레스(Manizales), 아르메니아(Armenia), 메델린(Medellin) 등이다. 이 세 곳에서 콜롬비아 커피의 약 70%가 생산되고 있다. 이 중에서 적당한 산도를 유지하며 풍부한 풍미를 갖고 바디가 묵직한 메델린을 최상품으로 꼽는다. 하지만 각 지역의 첫 글자를 따서 "MAM's"라는 브랜드로 수출하고 있다.

동부 산악지역에서 생산되는 유명한 커피로는 보고타(Bogota), 부카라망가(Bucaramanga) 등이 있다. 보고타의 커피는 산도가 약간 떨어지지만 메델린에 못지않은 풍미를 가진 상급의 커피로 인정받고 있다.

개화시기는 연중 두 번으로 4월과 10월이다. 따라서 수확시기도 10~1월, 4~7월로 두 번에 걸쳐 이루어진다. 재배품종은 아라비카 계통의 티피카, 버번, 카투라, 마라고지페 등이다.

2) 콜롬비아 커피의 등급분류

커피의 품질등급은 생두의 크기에 따라 4등급으로 분류한다.

등 급	Screen Size(1 screen size = 0.4mm)
수프리모(Supremo)	17 이상
엑셀소(Excelso)	14~16
U.G.Q(Usual Good Quality)	13
Caracoli	12

커피 이름은 커피가 생산된 지역이름을 주로 이용하지만, 최상급 커피에는 생산지와 관계없이 최고등급인 수프레모와 엑셀소를 붙인다.

(3) 코스타리카

북쪽으로 니카라과 남쪽으로 파나마와 국경을 접하고, 동쪽은 카리브해, 서쪽은 태평양에 면한 지협(地峽)이다. Rich Coast, 즉 '풍요로운 해안'이란 뜻이 국가명으로 굳어졌다.

1779년 쿠바를 통해 처음으로 커피가 소개되었다. 국토 대부분이 무기질이 풍부한 화산토양과 온화한 기후로 이루어져 있어 커피 생산국 중에서도 면적당 커피 생산량이 가장 높고 커피의 품질 또한 우수한 것으로 알려져 있다. 커피가 국가 전체 수출의 25%를 차지하며 국가산업에서 차지하는 비중이 매우 높다.

1) 코스타리카의 커피품종과 수확시기

재배품종은 아라비카 계통의 카투라 커피가 대부분을 차지한다. 이 밖에 문도 노보, 카투아이를 재배한다. 로부스타 커피재배는 법으로 금지하고 있다.

가공방식은 커피 고유의 품질을 최대로 유지할 수 있는 습식가공법만을 고집하여 세계적으로 '완벽한 커피'로 칭송받고 있다. 보통 수확시기는 8, 9월에서 4월까지이다.

대표적인 커피산지로는 산호세(San Jose), 남쪽의 타라주(Tarrazu)와 카리브해 연안의 트레리오스(Tres Rios), 브룬카(Brunca), 투리알바(Turrialba)가 있다. 코스타리카 연안은 열대성, 내륙 산악지대는 온대성 기후로 지역에 따라 커피의 맛에 차이가 있다. 생두는 크기는 작으나 단단하고 통통한 편이다. 밀도가 강하며 상큼한 신맛, 향기와 바디감이 좋다.

생두의 품질은 재배지 고도에 따라 8등급으로 나뉜다. 고도가 높을수록 일교차가 커서 생두의 조직이 단단하고 향미가 짙다. 해발 1,200~1,650m 사이에서 재배한 커피를 SHB(Strictly Hard Bean)로 표시하고 최상급으로 분류한다.

2) 코스타리카 커피의 등급분류

등 급		생산량(%)	재배지 고도(m)
SHB	Strictly Hard Bean	40	해발 1,200~1,650
GHB	Good Hard Bean	10	해발 1,100~1,250
HB	Hard Bean	19	해발 800~1,100
MHB	Medium Hard Bean	14	해발 500~1,200
HGA	High Grown Atlantic	5	해발 900~1,200
MGA	Medium Grown Atlantic	8	해발 600~900
LGA	Low Grown Atlantic	3	해발 200~600
P	Pacific	1	해발 400~1,000

(4) 과테말라

중앙아메리카 북서단에 있는 나라이다. 멕시코 아래에 위치하며 남서쪽은 북태평양과 엘살바도르와 경계하며 남동쪽은 온두라스와 접해 있다. 1750년대 예수회 신부를 통해서 커피가 소개되었다. 과테말라 커피는 주로 화산지역에서 재배되는 지역적 특성이 있다. 고급 스모크(Smoke, 타는 듯한 향을 가진) 커피의 대명사인 안티구아(Antigua)를 생산하는데, 이 향기는 30년마다 일어나는 화산폭발에서 나온 질소를 커피나무가 흡수해서 만들어진다.

1) 과테말라 커피품종과 주요산지

- 재배품종 : 버번, 카투라, 카투아이, 마라고지페
- 대표커피 : 안티구아, 레인포레스트 코반, 볼케닉 산마르코스
- 주요 산지 : 안티구아, 코반, 우에우에테낭고, 산타로사, 산마르코스

생두의 수확시기는 주로 8~4월이며, 가공방법은 주로 그늘경작법(Shade Grown), 습식법을 사용한다.

커피가 생산되는 지역은 스모크 커피로 유명한 안티구아 과테말라(Antigua Guatemala), 중부 산악지역의 코반(Coban), 우에우에테낭고(Huehuetenango), 동부의 산타로사(Santa Rosa), 서부의 산마르코스(San Marcos)가 있다.

2) 과테말라 커피의 등급분류

커피의 등급은 재배지 고도에 따라 7등급으로 나뉜다.

등 급		재배지 고도(m)
SHB	Strictly Hard Bean	해발 1,400 이상
HB	Hard Bean	해발 1,200~1,400
SH	Semi Hard Bean	해발 1,000~1,200
EPW	Extra Prime Washed	해발 900~1,000
PW	Prime Washed	해발 750~900
EGW	Extra Good Washed	해발 600~750
GW	Good Washed	해발 600 이하

(5) 멕시코

1) 멕시코의 커피 재배 환경과 품종

북아메리카 남서단에 있는 나라이다. 북쪽은 미국, 남쪽은 과테말라, 벨리즈와 접하고 서쪽은 태평양, 동쪽은 멕시코만(灣)에 면한다. 1790년부터 커피를 경작하기 시작했다.

멕시코 커피에는 알투라(Altura)라는 이름이 붙는다. 스페인어로 '고지대'라는 의미로, 해발 1,700m 이상에서만 얻을 수 있는 고급 커피를 말한다. 주 재배품종은 아라비카종의 버번, 카투라, 문도 노보, 마라고지페 등이다. 커피의 수확시기는 9~3월에 이루어지며, 주로 습식법(Wet Method)을 사용하여 가공한다.

주요 생산지역과 대표 커피로는 남부의 과테말라 국경 인근 치아파스(Chiapas)주의 유기농 커피인 타파출라(Tapachula), 동부의 아름다운 해변 도시 베라크루즈(Veracruz)의 코아테펙(Coatepec), 남서부 오악사카(Oaxaca)주의 알투라오리자바(Altura Orizaba), 플루마(Pluma) 등이 있다.

2) 멕시코 커피의 등급분류

멕시코 커피의 등급은 재배지의 고도에 따라 4단계로 나뉜다.

등급		재배지 고도(m)
SHG	Strictly High Grown	해발 1,700 이상
HG	High Grown	해발 1,000~1,600
PW	Prime Washed	해발 700~1,000
GW	Good Washed	해발 700 이하

(6) 자메이카

카리브해 북부 서인도제도에 위치한 섬나라이다. 1962년에 영국 식민지 통치에서 독립하였다. 1728년 니콜라스 라웨즈경이 마르티니크(Martinique) 섬에서 커피나무를 들여와 경작하기 시작했다. 산지가 많으며 가장 높은 산인 블루마운틴의 정상은 2,256m에 달한다. 이 산맥의 남쪽 사면에서 생산되는 커피는 품질이 뛰어나 최고봉의 이름을 딴 '블루마운틴'으로 불린다.

블루마운틴은 부드러운 향미와 쓴맛이 덜한 것으로 유명하다. 지난 수십 년간 블루마운틴은 세계에서 가장 비싸고 인기 있는 '커피의 황제'라는 명성을 얻어왔다. 블루산맥의 고지대는 연중 짙은 안개가 덮여 있다.

이 짙은 안개는 강렬한 햇볕이 커피나무에 직접 내리쬐지 못하게 하는 일종의 차단막 역할을 하면서 커피나무의 성장을 더디게 조절한다. 그 결과 블루마운틴 커피는 같은 고도의 타 지역 커피보다 높은 밀도의 커피로 생산될 수 있는 것이다.

1) 자메이카의 커피품종과 수확시기

자메이카 블루마운틴은 국제적으로 공인받는 원두인데, 자메이카 커피 품질 관리위원회(JCIB : Jamaica Coffee Industry Board)에서 인증한 커피에만 '자메이카 블루마운틴'이라는 라벨을 붙일 수 있다. 블루마운틴이 생산되는 지역에서 블루마운틴 커피의 재배는 이 위원회의 감독을 받는다. 또한, 일반적으로 수출용 원두를 포대(Bag)에 담지 않고 나무상자에 넣어 수출하면서 다른 커피와 차별화되고 고급스러움을 강조하고 있다.

주 재배품종은 아라비카종의 티피카(Typica)이며, 커피의 수확시기는 8~9월에 이루어진다. 주로 습식법(Wet Method)을 사용하여 가공한다.

- 재배품종 : 아라비카 품종의 티피카(Typica)
- 대표커피 : 자메이카 블루마운틴, 자블럼
- 주요 산지 : 포틀랜드, 세인트토마스, 세인트앤드류, 세인트메리, 맨체스터

가장 유명한 커피는 단연 자메이카 블루마운틴이고, 블루마운틴 커피를 로스팅(Roasting)하여 포장까지 한 후에 수출하는 커피는 별도로 자블럼(JBM, Jablum)이라고 부른다.

2) 자메이카 커피의 등급분류

다른 커피 종류와 마찬가지로 블루마운틴에도 여러 종류의 등급이 있다. 재배지의 고도에 따라 크게 4등급으로 나뉘며, 생두의 크기에 따라 3등급으로 분류한다.

등 급		Screen Size	재배지 고도(m)
High Quality	Blue Mountain No. 1	Screen Size 17~18	해발 1,100 이상
	Blue Mountain No. 2	Screen Size 16	
	Blue Mountain No. 3	Screen Size 15	
Low Quality	하이 마운틴(High Mountain)		해발 1,100 이하
	프라임 워시드(Prime Washed, Jamaica)		해발 750~1,000
	프라임 베리(Prime Berry)		–

(7) 온두라스

온두라스는 중앙아메리카 중부에 있는 나라이다. 과테말라, 엘살바도르, 니카라과와 국경을 접하고 있으며 북쪽으로 카리브해, 남쪽으로 태평양을 바라보고 있다. 18세기 이전부터 커피가 재배되었을 것으로 추정된다. 국토의 70~80%가 고지대 산악지형으로 이루어져 있다. 해안지대는 열대성 기후로 고온다습하며, 산악지대는 온대성 기후로 건조하다.

1) 온두라스의 커피재배 환경과 품종

커피재배에 적합한 화산재 토양을 갖고 있다. 커피의 수확은 5~10월경이며, 습식법을 이용하여 가공한다.

- 재배품종 : 카투라, 카투아이, 버번, 문도 노보, 마라고지페
- 대표커피 : 온두라스 SHG, 온두라스 HG
- 주요 산지 : 산타바르바라, 코판, 렘피라, 라파스

주요 커피 생산지는 해발 1,500~2,000m의 고지대에 있는 산타바르바라(Santa Barbara), 코판(Copan), 렘피라(Lempira), 라파스(La Paz)이다. 가장 유명한 커피는 온두라스 SHG, 온두라스 HG이며 지역명 또는 컵 오브 엑셀런스(COE)에서 우승한 농장명을 함께 사용하기도 한다. 원두는 대체로 둥글고 외형이 균일한 편이다.

온두라스 커피는 국내에서 생소한 감이 있지만 엄선된 고품질로 꼽힌다. 바디감과 단맛의 풍미가 좋고 풍부한 과일향은 아프리카산과 구별되는 뚜렷한 개성으로 평가된다. 2004년 커피 올림픽에 비견되는 'COE(Cup Of Excellence)' 회원국에 가입하면서 좋은 품질의 커피를 생산하기 위해 많은 노력을 기울인 결과이다.

2) 온두라스 커피의 등급분류

커피의 등급은 재배지의 고도에 따라 3등급으로 나뉜다.

등 급		재배지 고도(m)
SHG	Strictly High Grown	해발 1,500~2,000
HG	High Grown	해발 1,000~1,500
CS	Central Standard	해발 900~1,000

3. 아시아 · 태평양

아시아의 주요 커피 생산국으로는 인도네시아와 베트남을 꼽을 수 있다. 인도네시아는 브라질, 콜롬비아, 베트남에 이어 세계 4위의 커피생산국이다. 태평양 지역의 커피로는 3大 명품 커피 중 또 하나의 기둥인 하와이안 코나(Kona)가 있다. 그리고 파푸아뉴기니의 커피도 주목할 만하다.

(1) 인도네시아

인도네시아는 동남아시아에 널리 퍼져 있는 크고 작은 섬으로 이루어진 나라이다. 네덜란드인에 의해 1696년 자바 섬에서 커피가 재배되기 시작했으며, 토양이 무기질이 풍부한 화산지형으로 이루어져 커피재배에 이상적이다. 재배품종은 로부스타 90%, 아라비카의 카티모르(Catimor)가 10%이다.

1) 인도네시아의 커피 품종과 수확시기

재배지의 대부분은 적도보다 남쪽에 있으며, 수확은 4~10월에 이루어진다. 적도보다 북쪽인 수마트라는 10~3월까지 수확이 계속된다. 가공방법은 주로 건식법이지만 드물게 로부스타 커피를 습식법으로 가공하여 만들기도 한다. 단단하고 쓴 맛을 가진 에스프레소용으로 적합해 특히 유럽에서 인기가 높다.

- 재배품종 : 로부스타, 아라비카(카티모르)
- 대표커피 : 만델링, 로피루왁, 자바, 토라자, 가요마운틴
- 주요 산지 : 수마트라, 자바, 술라웨시, 발리

2) 인도네시아의 커피 생산지역

소량 생산되는 아라비카 커피는 세계적으로 인정받고 있다. 주요 생산지는 수마트라(Sumatra), 자바(Java), 술라웨시(Sulawesi), 발리(Bali) 등이다.

① 수마트라

수마트라는 인도네시아에서 두 번째로 큰 섬이다. 수마트라 생산 커피 중에서는 최고급 커피인 만델링(Mandheling), 안콜라(Ankola), 코피루왁(Kopi Luwak)이 유명하다. 코피루왁은 루왁이라는 사향고양이가 커피 생두를 먹은 후 배설한 것을 가공하여 만든 커피이다. 이 커피는 소화과정에서 발효되어 독특한 풍미를 갖고 있어 그 희귀성을 인정받고 있다.

② 자바

자바는 인도네시아의 중심을 이루는 섬이다. 자바(Java) 커피 중에서는 예멘의 모카(Mocha)와 혼합한 모카 자바(Mocha Java)가 유명하다. 역사상 최초의 블렌드 커피인 셈이다. 옅은 신맛과 짙은 바디, 초콜릿의 달콤함이 어우러진 고급 커피이다.

③ 술라웨시

술라웨시는 인도네시아 중앙부에 있는 섬이다. 셀레베스(Celebes)라고도 불린다. 이곳의 고급 커피는 토라자(Toraja) 지역에서 주로 생산된다. 수마트라 커피와 동등한 명성을 가진 셀레베스 토라자(Celebes Toraja)라는 커피가 유명하다.

최근에는 커피의 안정적인 품질 관리를 위해 인도네시아 정부의 주도로 공정무역 상표인증 국제기구(FLO : Fair Trade Labelling Organization International)에 가입하여 공정무역커피 정책에도 주력하고 있다.

3) 인도네시아 커피의 등급분류

커피의 등급은 300g의 생두당 결점두(Defect)를 기준으로 6등급으로 나뉜다.

등 급	결점두(생두 300g당)
Grade 1	11개 이하
Grade 2	12~25개
Grade 3	26~44개
Grade 4a	45~60개
Grade 4b	61~80개
Grade 5	81~150개
Grade 6	151~225개

(2) 베트남

동남아시아의 인도차이나반도 동부에 있는 나라이다. 오랜 기간 프랑스 식민통치하에서 자연스럽게 커피문화도 전해졌다. 1990년대에 들어서면서 커피 생산량이 급속하게 늘어나 세계 2위의 생산국이 되었다. 주요 커피 생산지는 해발 600~800m의 고지대에 있는 선라(Son La), 디엔 비엔(Dien Bien) 등이다.

베트남의 고지대는 비옥하고 엷은 층의 붉은 현무암 토양으로 커피재배에 적합하다. 토양 외에도 서부 고원지역의 일교차는 커피나무 성장에 최적의 기후조건을 제공하고 있다.

1) 베트남 커피의 특징

짧은 커피 역사를 가졌으나 세계 커피시장에 큰 반향을 일으키고 있다. 베트남에서 생산되는 커피의 97%가 로부스타종이다. 베트남에는 많은 커피농장과 큰 커피기업들이 상존하고 있다. 따라서 커피의 종류도 크게 인스턴트커피와 원두커피로 나눠볼 수 있다. 인스턴트 G7커피는 서방선진 7개국의 커피마니아들로부터 높은 평가를 받고 있다. 그리고 베트남에서는 콘삭(Con Soc)이라도고 불리는 최고급 커피인 위즐(Weasel, 다람쥐) 커피가 있다.

베트남 고산지대에서는 커피 수확기가 되면 굶주린 다람쥐를 방목하여 잘 익은 커피 열매(생두)를 먹게 한다. 다음 날 다람쥐는 소화되지 않은 커피 열매(생두)를 배설하게 되는데, 이것으로 세척 및 건조과정을 반복하게 되면 다람쥐 커피의 생두가 된다. 다람쥐의 몸속에서 발효되어 나오는 커피 열매이기에 독특하고 풍부한 향과 고소하면서도 맛있는 쓴맛을 갖고 있다. 인도네시아의 사향고양이 커피인 코피루왁(Kopi Luwak)과 비슷한 커피이다.

이 밖에 카페스어다(cafe sua da)라는 드립 커피가 있다. 여기서 카페는 커피를 말하며 스어(sua)는 '연유', 다(da)는 '얼음'이란 뜻이다. 즉 드립으로 내린 커피에 연유, 얼음을 넣어 마시는 아이스커피이다.

2) 베트남 커피의 등급분류

커피의 등급은 생두 크기와 결점두 수에 따라 3등급으로 나뉜다.

등 급	Screen Size		결점두 수(300g)	
	아라비카종	로부스타종	아라비카종	로부스타종
Grade 1A	Screen Size 16~18		15	30
Grade 1	14~16	13~16	30	60
Grade 2	12~13	12~13	60	90

(3) 하와이

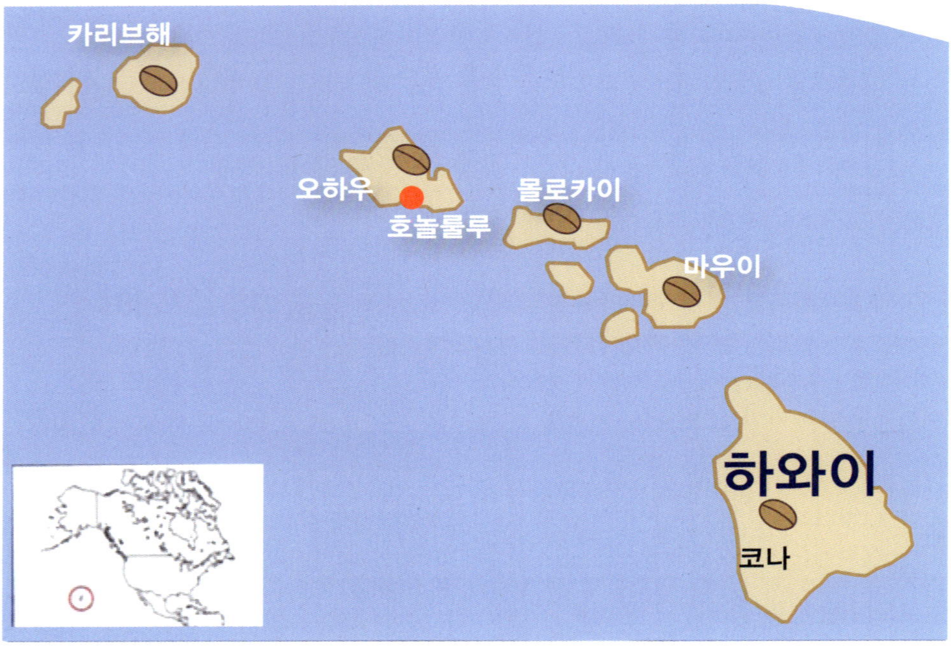

북태평양 가운데 있는 하와이제도(諸島) 중 가장 큰 섬으로 미국 하와이주(州)에 속한다. 미국에서 유일하게 커피재배가 가능한 지역으로 1825년부터 커피 경작을 시작하였다. 적절한 강수량과 비옥한 화산재 지형, 구름이 만들어 주는 자연그늘(Free Shade) 등 커피재배에 이상적인 조건을 갖추고 있다.

주로 재배되는 품종은 아라비카(Arabica)종의 티피카(Typica)로 커피 열매의 과육을 물로 세척하는 습식법을 사용하여 깔끔하고 바디감이 좋은 커피 맛을 지니게 된다. 수확시기는 9~3월이다.

1) 하와이의 커피축제

하와이 빅아일랜드 섬에서는 매년 11월에 하와이 코나 커피축제(Hawaii Kona Coffee Cultural Festival)가 열린다. 이 축제는 1970년대부터 시작된 미국에서 가장 오래된 음식축제 중 하나이다. 하와이 코나 커피의 재배 역사를 돌아보고 다양한 문화적 전통을 되짚어보는 뜻깊은 행사이다.

코나 커피는 빅아일랜드 북부의 마우나케아산과 남부의 마우나로아산을 잇는 지역에서 재배된다. 이 지역은 태평양과 인접하여 32.2km 이상 길게 늘어진 고도가 해발 4,000m가 넘는 산간지대이다. 이곳을 따라 하와이 코나 커피축제의 다양한 이벤트가 열리게 된다. 하와이안 코나(Hawaiian Kona)는 자메이카의 블루마운틴(Blue Mauntain), 예멘의 모카(Mocha)와 더불어 세계 3대 커피로 인정받는다.

- 재배품종 : 아라비카(티피카)
- 대표커피 : 하와이안-Kona, 마우이-Mocha, 마우이-Blue Mountain 카우아이-Estate
- 주요 산지 : 코나, 마우이, 카우아이, 몰로카이, 오하우

주요 생산지는 코나 지역 외에 마우이(Maui), 카우아이(Kauai), 몰로카이(Molokai), 오하우(Ohau) 등이 있다.

2) 하와이 커피의 등급분류

커피등급은 생두의 크기와 결점두에 따라 4단계로 구분된다.

등 급	Screen Size(1 screen=0.4mm)	결점두 수(생두 300g당)
Kona Extra Francy	19	10개 이내
Kona Fancy	18	16개 이내
Kona Caracoli No. 1	10	20개 이내
Kona Prime	No size	25개 이내

(4) 파푸아뉴기니

남태평양 서쪽 끝 뉴기니 섬 동반부에 걸쳐 있는 도서국가이다. 1937년 자메이카의 블루마운틴 커피나무를 이식, 재배하기 시작해 오늘에 이르렀다. 이 나라 국토의 약 85%를 차지하는 뉴기니 섬에는 빌헬름(Mt. Wilhelm)이라는 해발 4,694m의 높은 산이 우뚝 솟아 있다. 이 거대한 산을 중심으로 동쪽과 서쪽 지역에서 커피를 생산한다.

1) 파푸아뉴기니의 커피 수확시기

주로 재배되는 품종은 아라비카이며 소량의 로부스타도 재배된다. 수확시기는 4~9월이고, 커피의 가공은 습식법과 건식법을 모두 사용한다.

주요 생산지는 하겐산(Mt. Hagen)을 중심으로 한 서부 하이랜드 지역의 시그리(Sigri), 동부 하이랜드 지역의 아로나(Arona)가 유명하다. 위 지역명칭을 붙인 파푸아뉴기니 시그리(PNG AA)와 파푸아뉴기니 아로나 커피가 있다.

생두는 길쭉한 타원형으로 짙은 녹색을 띤다. 꽃과 과일향이 풍부하고 부드러운 신맛과 쓴맛, 단맛의 조화가 매우 좋다. 가격대비 품질이 높은 커피이다.

2) 파푸아뉴기니 커피의 등급분류

커피의 등급은 생구의 크기를 기준으로 5등급으로 구분한다.

등 급	Screen Size(1 screen size = 0.4mm)
AA	18 이상
A	17
AB	16
B	15
C	14 이하

guide

• 알고 마시면 더 맛있는 커피 용어

원두커피	커피콩을 볶은(로스팅) 뒤 갈아서 내린 커피, 레귤러커피라고도 한다.
인스턴트커피	원두커피를 내려 농축하고 건조한 것, 물만 부으면 바로 마실 수 있다.
에스프레소	아주 진한 이탈리아식 커피. 강한 압력으로 단시간에 추출한 농축된 커피다.
아메리카노	에스프레소에 뜨거운 물을 부어 만든 커피이다.
카페라떼	에스프레소에 우유를 섞은 뒤 얇은 거품을 얹은 커피이다.
더치커피	뜨거운 물이 아닌 찬물로 오랫동안 천천히 추출하는 커피. 네덜란드 상인들에 의해 알려져서 더치커피라고도 한다.
로부스타	커피 3대 원종 중 하나. 재배가 쉽지만 향미가 떨어진다. 단가가 낮아 주로 인스턴트커피에 쓰인다. 카페인이 많다.
아라비카	로부스타에 비해 커피의 맛과 향이 풍부하다. 재배하기 힘들고 단가도 비싸 주로 고급 커피에 사용된다.
블루마운틴	자메이카에서 생산되는 세계 최고 품질의 커피. 원두가 담청색이다. 영국 왕실의 커피다.
샷	30mL 정도 되는 유리잔. 에스프레소 한 잔 용량이다.
드립	종이필터에 갈은 커피를 넣고 뜨거운 물을 부어 중력으로 낙하시켜 커피를 내리는 방식이다.
블렌딩	두 가지 이상의 다른 커피를 혼합해 새로운 맛과 향을 낸다.

Part Ⅱ

커피바리스타 자격시험 핵심문제 은행

1. 커피조리사 2급 (가형)
2. 커피조리사 2급 (나형)
3. 커피조리사 2급 (다형)
4. 커피조리사 2급 (라형)
5. 커피조리사 2급 (마형)
6. 커피조리사 2급 (바형)
7. 커피조리사 2급 (사형)
8. 커피조리사 2급 (아형)

가형 커피조리사 2급

1. 고산지대의 커피가 고품질로 평가받는 이유로 옳지 않은 것은?

① 일교차가 크다.
② 향기가 뛰어나다.
③ 신맛이 많이 난다.
④ 열매가 더 단단하다.
⑤ 높은 온도가 유지된다.

2. 커피체리의 가공 방법에 대한 설명으로 옳은 것은?

① 자연 건조 가공은 비용이 많이 발생한다.
② 수세식 건조 가공은 환경오염의 발생이 크다.
③ 반수세식 건조 가공은 과육을 제거하고 발효한 후 그대로 건조한다.
④ 자연 건조 가공은 보다 신선도가 높고 뒷맛이 깨끗한 커피를 생산한다.
⑤ 수세식 건조 가공은 과육의 건조과정에서 발효나 곰팡이에 의한 오염이 발생할 수 있다.

3. 커피체리에는 일반적으로 1~2개의 씨앗이 들어 있다. 이 중 2개의 씨앗을 부르는 명칭은?

① 피베리(Peaberry)
② 빈(Bean)
③ 소이빈(Soybean)
④ 트와이스(Twice)
⑤ 플랫빈(Flat Bean)

4. 커피의 전파 순서로 옳은 것은?

① 에티오피아 – 예멘 – 인도 – 브라질
② 에티오피아 – 예멘 – 터키 – 네덜란드
③ 예멘 – 터키 – 인도네시아 – 네덜란드
④ 에티오피아 – 예멘 – 인도네시아 – 터키
⑤ 예멘 – 에티오피아 – 인도 – 인도네시아

5. Which is the ICO standard package unit of coffee bean?

① 40kg
② 50kg
③ 60kg
④ 70kg
⑤ 80kg

6. 블렌딩 방법에 대한 설명으로 옳지 않은 것은?

① 로스팅 전 블렌딩은 최종 생산물에 일관성이 있다.
② 로스팅 후 블렌딩은 개별 커피의 특성을 최적화시킨다.
③ 로스팅 전 블렌딩은 수많은 축적된 노하우가 필요하다.
④ 로스팅 후 블렌딩은 개별 커피들의 로스팅 정도가 다르다.
⑤ 로스팅 후 블렌딩은 기업체나 대형 로스터에서 주로 사용된다.

정답 [가형] 1. ④ 2. ② 3. ⑤ 4. ② 5. ③ 6. ⑤

7. 그룹헤드 물흘림으로 추출수 온도를 유지하고, 그룹헤드를 청소하여 커피 추출이 정상적으로 이루어지도록 하는 것은?

① Pouring
② Whipping
③ Steaming
④ Flashing
⑤ Bubbling

8. 에스프레소 커피에 대한 설명으로 옳지 않은 것은?

① 적은 양이다.
② 커피 향과 농도가 진하다.
③ 카페인이 많이 함유되었다.
④ 커피의 추출시간이 없다.
⑤ 지방과 콜로이드 성분도 추출한다.

9. What is the optimal pressure to the coffee on the portafilter?

① 1.5bar
② 3 bar
③ 5 bar
④ 9 bar
⑤ 12 bar

10. 커피 품종 중 아라비카 종에 관한 설명으로 옳지 않은 것은?

① 카페인 함량은 로부스타 종보다 낮은 편이다.
② 세계 커피 생산량의 약 70% 이상을 차지한다.
③ 주로 블렌딩이나 인스턴트 커피용으로 사용된다.
④ 원산지는 에티오피아이며 주로 고지대에서 재배된다.
⑤ 재배 조건이 까다로우며 병충해에 취약하지만 맛과 향이 좋다.

11. 로부스타 커피와 비교하여 아라비카 커피의 특징에 대한 설명으로 옳지 않은 것은?

① 맛과 향이 우수하고 신맛이 좋다.
② 주요 생산국은 브라질과 콜롬비아이다.
③ 고온 및 병충해에 약하다.
④ 고지대에서 잘 자란다.
⑤ 많은 비를 필요로 한다.

12. 로스팅에서 커피콩에 열을 전달하는 방식으로 옳은 것만을 〈보기〉에서 모두 고른 것은?

(가) 전도	(나) 복사
(다) 대류	(라) 기화

① (라)
② (가), (다)
③ (나), (라)
④ (가), (나), (다)
⑤ (가), (나), (다), (라)

정답 [가형] 7. ④ 8. ③ 9. ④ 10. ③ 11. ⑤ 12. ④

13. 커피의 성분 중 쓰고 떫은맛을 내며 와인에도 들어있는 성분은?

① 탄닌
② 유기산
③ 페놀류
④ 카페인
⑤ 트리고넬린

14. 에스프레소 커피 추출에 대한 설명으로 옳지 않은 것은?

① 주문에 의해 짧은 시간에 추출하여 제공한다
② 맛에 좋지 않은 성분이 농축되므로 부재료를 첨가한다.
③ 가용성 성분 및 콜로이드 성분이 다량 함유되어 있다.
④ 커피의 양, 물의 온도와 압력, 추출시간의 컨트롤이 필요하다.
⑤ 분쇄된 커피에 뜨거운 물을 짧은 시간 동안 압력을 가해 추출한다.

15. 건조된 커피콩에서 곰팡이와 박테리아가 번식하고 있다면 그 커피콩의 수분 함량은?

① 3% 이상
② 5% 이상
③ 7% 이상
④ 9% 이상
⑤ 12% 이상

16. 커피의 세척 건조 가공 방식에 대한 설명으로 옳지 않은 것은?

① 품질이 좀 더 균일하다.
② 환경오염 문제를 야기한다.
③ 아라비카 생산에 주로 이용된다.
④ 풍부한 아로마와 풍부한 맛이 특징이다.
⑤ 물이 풍부한 지역에서 주로 행해진다.

17. 파치먼트의 건조 과정에 대한 설명으로 옳은 것은?

① 8~10%의 수분 함량이 이상적이다.
② 과건조되면 품질에 악영향을 미친다.
③ 건조된 커피콩의 색은 갈색화되거나 탈색되는 것이 일반적이다.
④ 기계식 건조는 콩의 크기와 종류에 상관없이 균일한 건조가 이루어진다.
⑤ 14% 이상의 수분 함량에서 대사율과 호흡률이 급격히 감소하므로 좋지 않다.

18. 카푸치노 커피에 대한 설명으로 옳지 않은 것은?

① 전통적인 용량은 5~6oz이다.
② 손잡이가 달린 도자기 잔에 서비스된다.
③ 카푸치노 커피는 항상 모양과 형태가 일정해야 한다.
④ 에스프레소 커피 한 잔과 우유, 우유거품이 조화되어 있다.
⑤ 커피와 우유 외에 부재료의 첨가는 기본적으로 허용되지 않는다.

정답 [가형] 13. ① 14. ② 15. ⑤ 16. ④ 17. ③ 18. ③

19. 커피의 수확에 대한 설명으로 옳지 않은 것은?

① 기계수확은 대량수확이 가능하다.
② 피킹은 싼 인건비를 이용하므로 비용이 절감된다.
③ 스트리핑은 체리가 균일하게 익는 지역에 적합하다.
④ 스트리핑은 토양으로부터의 오염에 노출될 수 있다.
⑤ 피킹은 잘 익은 체리만 수확하므로 품질이 균일하다.

20. 로스팅에 의해서 세포벽이 붕괴되면서 커피콩의 표면으로 이동되는 것은?

① 지방
② 카페인
③ 단백질
④ 클로로겐산
⑤ 탄수화물

21. 로스팅과정 중 커피의 향과 맛에 영향을 미치는 직접적인 요소로 옳지 않은 것은?

① 최종적으로 볶은 정도
② 볶는 데 걸린 시간
③ 커피콩의 팽창 정도
④ 커피콩의 크기
⑤ 볶는 데 투입된 열량

22. 커피기계에 연결된 연수기에 대한 설명으로 옳지 않은 것은?

① 물의 좋지 못한 맛과 향을 없애 준다.
② 각종 부품의 오작동을 방지한다.
③ 커피기계의 스케일 축적을 방지한다.
④ 천연소금(NaCl)을 넣어 수지를 재생시킨다.
⑤ 양이온 교환수지를 통하여 경수를 연수로 만든다.

23. 커피분쇄기의 칼날에 대한 설명으로 옳지 않은 것은?

① 회전날을 나사로 조이거나 풀어서 조절한다.
② 회전하는 날과 고정되어 있는 날로 구성되어 있다.
③ 원뿔형 칼날의 회전속도는 평면형 칼날보다 빠르다.
④ 평면형 칼날의 강철은 서로 반대 방향으로 작동된다.
⑤ 장시간 작동하면 칼날이 과열되어 커피향을 잃게 한다.

24. 카푸치노 커피 조리에 필요한 우유 스티밍에 대한 설명으로 옳지 않은 것은?

① 데우는 우유의 최적온도는 65℃ 이내이다.
② 우유 거품은 회전시켜서 밀도를 높여야 좋다.
③ 거품을 만드는 시간이 길수록 우유가 부드럽다.
④ 거품의 양은 피처에 있는 우유의 양만큼 만든다.
⑤ 에스프레소 기계의 스팀을 우유 표면에 불어 넣어 거품을 만든다.

정답 [가형] 19. ② 20. ① 21. ④ 22. ① 23. ③ 24. ③

25. What is the wrong factor that evaluates espresso coffee?

① Color ② Concentration
③ Persistency ④ Temperature
⑤ Viscosity

26. Coffea Canephora 종을 주로 생산하는 국가가 아닌 것은?

① 가나 ② 베트남
③ 우간다 ④ 필리핀
⑤ 콜롬비아

27. 커피의 특성과 소비자의 취향에 맞도록 여러 조건의 커피를 혼합시키는 공정을 뜻하는 용어는?

① Roasting ② Blending
③ Flavoring ④ Harmony
⑤ Smelling

28. 로스팅 후에 실시되는 냉각(Cooling)과 관련된 설명으로 옳지 않은 것은?

① 수랭식과 공랭식이 있다.
② 향 성분을 잡아두는 방법이다.
③ 화학반응을 멈추게 하는 과정이다.
④ 커피콩의 내부열을 모으는 과정이다.
⑤ 연기를 빼내어 냉각기로 보내는 과정이다.

29. 커피체리의 외측에서 내측에 이르는 명칭의 순서가 옳은 것은?

① Outer Skin – Pulp –Parchment – Silver Skin – Green Bean
② Pulp – Outer Skin – Parchment – Silver Skin – Green Bean
③ Pulp –Parchment – Outer Skin – Silver Skin – Green – Bean
④ Silver Skin – Outer Skin – Pulp – Parchment – Green Bean
⑤ Pulp – Parchment – Silver Skin – Outer Skin – Green Bean

30. 경수를 오랜 기간 동안 에스프레소 커피 기계에 사용했을 때 발생하는 현상에 대한 설명으로 옳지 않은 것은?

① 작은 파이프라인을 막는다.
② 히터 표면에 녹아 코팅된다.
③ 무기 이온들이 커피 맛을 증대시킨다.
④ 칼슘 성분이 보일러 내부벽에 축적된다.
⑤ 각종 헬브에 흡착하여 밸브의 작동을 방해한다.

31. 일체형 보일러에 대한 설명으로 옳지 않은 것은?

① 열교환방식의 2중 구조 보일러이다.
② 온수/스팀용 보일러 안에 커피 추출용 보일러가 장착되어 있다.
③ 온수/스팀용 보일러의 용량이 크면 커피 추출수 온도 유지에 좋다.
④ 연속적인 추출에서 독립형 보일러보다 추출수 온도가 낮아질 수 있다.
⑤ 커피 보일러의 물을 직접 데워서 온수/스팀용 보일러를 간접적으로 데운다.

정답 [가형] 25. ④ 26. ⑤ 27. ② 28. ④ 29. ① 30. ③ 31. ①

32. 커피에 포함되어 있는 주요 지방산으로 옳은 것만을 〈보기〉에서 모두 고른 것은?

(가) 올레산	(나) 팔미트산
(다) 리놀레산	(라) 부티르산

① (라) ② (가), (다)
③ (나), (라) ④ (가), (나), (다)
⑤ (가), (나), (다), (라)

33. 커피기계 내부의 전기 및 컴퓨터 컨트롤 박스가 두꺼운 고무재질로 감싸여 있는 이유만을 〈보기〉에서 모두 고른 것은?

(가) 열 차단	(나) 소음 감소
(다) 습기방어	(라) 충격 완화

① (라) ② (가), (다)
③ (나), (라) ④ (가), (나), (다)
⑤ (가), (나), (다), (라)

34. 커피조리사가 갖추어야 할 기본적인 소양으로 옳지 않은 것은?

① 다양한 로스팅 기술
② 커피에 관한 폭넓은 지식
③ 커피조리사에 대한 직업관
④ 서비스와 커뮤니케이션 기술
⑤ 커피조리를 위한 기초적인 기술

35. 다음 중 에스프레소 커피의 평가 기준에 해당하지 않는 것은?

① 크레마의 두께와 지속성
② 크레마의 색깔
③ 적절한 추출량
④ 톡 쏘는 강한 향기
⑤ 맛의 균형감

36. 전압이 높을 때 에스프레소 커피기계에서 발생할 수 있는 현상으로 옳지 않은 것은?

① 누전현상 발생 우려
② 그룹 헤드의 파손 우려
③ 보일러 히터의 파손 우려
④ 컴퓨터 회로기관의 파손 우려
⑤ 전자 헬브의 원활하지 못한 작동

37. 커피 그라인더 칼날에 대한 설명으로 옳지 않은 것은?

① 회전속도는 조작할 때마다 결정한다.
② 평면날은 약 400kg을 분쇄할 수 있다.
③ 회전날을 나사로 조이거나 풀어서 조절한다.
④ 회전하는 날과 고정되어 있는 날로 구성되어 있다.
⑤ 굵은 입자와 가는 입자가 섞여서 나오면 날이 닳은 것이므로 교체한다.

38. 로부스타 커피의 일반적인 특징으로 옳은 것만을 〈보기〉에서 모두 고른 것은?

(가) 쓴맛이 더 난다.
(나) 카페인 함량이 높다.
(다) 보다 강한 맛을 낸다.
(라) 향기가 다소 부족하다.

① (라) ② (가), (다)
③ (나), (라) ④ (가), (나), (다)
⑤ (가), (나), (다), (라)

정답 [가형] 32. ④ 33. ② 34. ① 35. ④ 36. ② 37. ① 38. ⑤

39. 커피콩 보관에 대한 설명으로 옳지 않은 것은?

① 창고의 한계 최고 온도는 40℃이다.
② 창고의 한계 최고 상대습도는 75%이다.
③ 커피콩의 건조한 보관은 균열이 생길 수 있다.
④ 커피콩의 습도가 10~12%를 유지하는 것이 좋다.
⑤ 커피콩이 많은 수분을 흡수할 때 곰팡이가 형성될 수 있다.

40. 로스팅에 의한 물리화학적 변화로 손실되는 유기 성분만을 〈보기〉에서 모두 고른 것은?

(가) 탄수화물	(나) 아미노산
(다) 트리고넬린	(라) 이산화탄소

① (라) ② (가), (다)
③ (나), (라) ④ (가), (나), (다)
⑤ (가), (나), (다), (라)

41. 그린 커피빈을 스크린 사이즈에 의한 기준으로 분류 하는 나라가 아닌 것은?

① 케냐 ② 하와이
③ 탄자니아 ④ 콜롬비아
⑤ 코스타리카

42. 에스프레소 잔에 대한 설명으로 옳지 않은 것은?

① 높이가 높은 것이 좋다.
② 바닥이 좁은 것이 좋다.
③ 두꺼운 도자기 재질이 좋다.
④ 열 전도율이 낮은 유리가 좋다.
⑤ 공기와 접촉을 최소화하기 위해서 2~3oz의 용량이 작동한다.

43. 커피 그라인더 칼날을 청소하는 방법으로 옳은 것은?

① 연수기로 정제한 물로 세척한다.
② 물에 적신 솔을 이용하여 청소한다.
③ 연성세제가 희석된 물에 담가 놓는다.
④ 물기 없는 청소용 솔을 이용하여 청소한다.
⑤ 칼날의 마모를 예방하기 위해서 분무기로 분사시켜서 청소한다.

44. 블렌딩과정에서 가장 중요하게 고려되어야 할 것은?

① 맛의 개성 ② 원가의 절감
③ 품질의 동일성 ④ 판매의 용이성
⑤ 재고관리의 중요성

45. 불량 커피콩으로 분류되지 않는 것은?

① 미생물에 의한 결정
② 맛과 향, 품질에 의한 결정
③ 지역적 분류에 의한 결정
④ 물리적 요인에 의한 결정
⑤ 화학적 요인에 의한 결정

정답 [가형] 39. ① 40. ④ 41. ⑤ 42. ④ 43. ④ 44. ③ 45. ③

46. 바(Bar) 안에 서 있는 바리스타의 행동으로 옳은 것은?

① 홍보를 위해 자주 커피를 마신다.
② 입냄새 제거를 위해 껌을 씹는다.
③ 단정함을 위해 머리를 자주 매만진다.
④ 커피 향기를 위해 진한 향수를 피한다.
⑤ 항상 진지함을 유지하기 위해 웃지 않는다.

47. 커피용 기구들의 재질에 대한 설명으로 옳지 않은 것은?

① 내수성이 낮아야 한다.
② 내산성이 높아야 한다.
③ 내열성이 높아야 한다.
④ 유독물질이 용출되지 않아야 한다.
⑤ 커피 성분과 화학적으로 반응하지 않아야 한다.

48. 커피 다지기를 할 때 고려해야 할 요소들만을 〈보기〉에서 모두 고른 것은?

(가) 담은 양	(나) 분쇄 굵기
(다) 추출수 온도	(라) 로스팅 상태

① (라)　② (가), (나)
③ (나), (라)　④ (가), (나), (다)
⑤ (가), (나), (다), (라).

49. 로스팅되고 있는 커피콩에서 발생하는 현상으로 옳지 않은 것은?

① 수분이 증발한다.
② 부피가 늘어난다.
③ 무게가 가벼워진다.
④ 탄성력이 증가한다.
⑤ 무거운 가스가 빠져나간다.

50. 에스프레소 커피기계의 부품 중 자석 성질의 휠이 회전하여 물의 유입량을 계량하는 것은?

① Flow Meter
② Steam Meter
③ Boiler Steam Meter
④ Group Valve Meter
⑤ Water Pressure Meter

51. 커피 생산국과 가공방식에 대한 설명으로 옳지 않은 것은?

① 세척 건조 방법의 대표적인 나라는 콜롬비아이다.
② 브라질은 주로 자연 건조 방법을 이용하여 가공한다.
③ 세척 건조 방법은 체리 상태에서 발효과정을 거친 후 세척하여 건조된다.
④ 자연 건조 방법은 자연 친화적인 방법으로 물이 귀한 지역에서 주로 사용된다.
⑤ 세척 건조 방법은 자연 건조 방법보다 고형분 손실로 인하여 맛과 향의 중후함이 약하다.

52. 다음 중 볶은 커피콩의 맛과 향의 저하가 가장 빠르게 진행되는 것은?

① 호퍼 안에 담긴 커피
② 도저 안에 담긴 커피
③ 밀폐된 통에 담긴 커피
④ 개봉된 봉투에 담긴 커피
⑤ 밀폐된 병에 냉장보관된 커피

정답 [가형] 46. ④ 47. ① 48. ② 49. ④ 50. ① 51. ③ 52. ②

53. 커피의 수용성 성분에 대한 설명으로 옳지 않은 것은?

① 아라비카 커피보다 로부스타 커피가 더 많은 수용성 성분을 지닌다.
② 커피의 로스팅 정도에 따라 수용성 성분의 양이 다르다.
③ 디카페인 커피에 더 많은 수용성 성분이 있다.
④ 커피를 분쇄했을 때 더 많은 수용성 성분을 포함한다.
⑤ 물의 온도와 시간이 수용성에 영향을 미친다.

54. Which component is most abundant in a green coffee bean?

① Inorganic Elements
② Proteins
③ Lipids
④ Carbohydrates
⑤ Non–volatile Acids

55. 커피 향과 맛의 평가 용어 중에서 입안에서 느껴지는 촉감과 관련 있는 것은?

① Bitterness ② Flavor
③ Aroma ④ Aftertaste
⑤ Acidity

56. 에스프레소 커피 추출과정에서 형성되는 Crema를 최초로 규명한 사람은?

① Cremonesi ② Desidero Pavoni
③ Achille Gaggia ④ Giuseppe Bambi
⑤ Luigi Bezzera

57. Roasting과정 중에 일어나는 커피콩 냄새의 변화 순서로 옳은 것은?

① 고유향 – 풋내 – 신향 – 단향
② 신향 – 단향 – 풋내 – 고유향
③ 신향 – 풋내 – 단향 – 고유향
④ 풋내 – 단향 – 신향 – 고유향
⑤ 풋내 – 신향 – 단향 – 고유향

58. 매장에서 식재료를 관리하는 원칙으로 옳은 것은?

① 선입선출
② 후입선출
③ 앞쪽부터 사용
④ 작은 용량부터 사용
⑤ 큰 용량부터 사용

59. 손님에게 무엇을 건네줄 때 "여기 있습니다"의 표현으로 가장 적당한 말은?

① Pick it up. ② Here I bring.
③ I mean it. ④ Here you are.
⑤ It take it.

60. HACCP에 대한 설명에 대한 설명으로 옳지 않은 것은?

① 식품위해요소 중점관리기준이다.
② 특정위해요소를 알아내는 제도이다.
③ 식품의 안전성을 확보하는 제도이다.
④ 위해요소 방지 및 관리 방법을 설정하는 제도이다.
⑤ 식품 제조 공정상의 식품 안전을 위한 위해방지제도이다.

정답 [가형] 53. ③ 54. ④ 55. ② 56. ③ 57. ④ 58. ① 59. ④ 60. ②

나형 커피조리사 2급

1. 커피 생산국 중에서 아라비카와 로부스타의 최대 생산국으로 짝지어진 것은?

① 브라질 – 베트남
② 콜롬비아 – 베트남
③ 인도네시아 – 브라질
④ 과테말라 – 인도네시아
⑤ 에티오피아 – 코트디부아르

2. 커피체리의 수확에 대한 설명으로 옳지 않은 것은?

① 기계식 수확은 진동을 이용하여 수확한다.
② 익은 체리만을 골라 따는 방식은 Picking이다.
③ 체리가 열매 상태로 완전히 건조되었을 때 수확한다.
④ Stripping은 체리가 거의 골고루 다 익었을 때 수확한다.
⑤ Picking은 개화가 연중 내내 일어나는 지역에서 주로 이용된다.

3. 커피체리의 각 부분별 명칭에 대한 설명으로 옳은 것은?

① 파치먼트 – 맨 바깥의 겉껍질
② 펄프 – 단맛이 나는 과육 부분
③ 센터컷 – 씨앗 부분
④ 실버스킨 – 생콩을 감싸고 있는 단단한 껍질
⑤ 외과피 – 씨앗에 부착된 얇은 막

4. 블렌딩 과정에서 제일 먼저 고려되어야 할 사항은?

① 커피의 가격
② 로스팅 정도 결정
③ Coffee Bean의 선택
④ Coffee Bean의 혼합 비율
⑤ 추구하는 맛과 향의 결정

5. 커피 맛과 향에 대한 평가 용어 중 입안에서 느껴지는 촉감과 관련이 깊으며 주로 지질에 의해 느껴지는 것은?

① Bitterness ② Flavor
③ Aroma ④ Acidity
⑤ Aftertaste

6. What is the most abundant ingredient of a green Coffee Bean?

① Fat ② Protein
③ Minerals ④ Carbohydrate
⑤ Non–volatile acid

7. 로스팅에 의해 세포벽이 붕괴되면서 커피콩의 표면으로 이동되는 성분만을 〈보기〉에서 모두 고른 것은?

(가) 지방	(나) 단백질
(다) 탄수화물	(라) 클로로겐산

① (가) ② (가), (다)
③ (나), (라) ④ (가), (나), (다)
⑤ (가), (나), (다), (라)

정답 [나형] 1. ① 2. ③ 3. ② 4. ⑤ 5. ② 6. ④ 7. ①

8. 커피의 기본적인 맛을 나타내는 성분 중 쓴 맛을 내는 성분이 아닌 것은?

① 구연산 ② 카페인
③ 퀴닉산 ④ 페놀류
⑤ 트리고넬린

9. 커피 블렌딩에 대한 설명으로 옳지 않은 것은?

① 자연 건조 가공 커피는 더 많은 크레마를 형성시킨다.
② 브라질 커피는 일반적으로 균형 잡힌 맛과 향을 가지고 있다.
③ 로부스타 커피는 크레마를 감소시키지만 특별한 맛을 부여한다.
④ 세척 건조 방법을 사용한 중앙아메리카 커피는 더 좋은 향을 나게 한다.
⑤ 콜롬비아 커피를 베이스로 한 커피는 강한 신맛과 단맛을 내지만 크레마가 적다.

10. 볶은 커피의 산화에 대한 설명으로 옳지 않은 것은?

① 개봉을 한 후에는 빠르게 산화한다.
② 중요한 요인은 산소, 수분, 온도 등이다.
③ 냉장 온도에서는 산화가 진행되지 않는다.
④ 로스티드 빈의 커피 향은 산화의 증거이다.
⑤ 볶은 커피보다 분쇄커피가 빨리 산화한다.

11. 커피의 가공과정 중 자연 건조 가공방식에 관한 설명으로 옳은 것은?

① 대체적으로 품질이 우수하다.
② 미생물 감염에 노출될 확률이 높다.
③ 기계에 대한 의존도가 높은 편이다.
④ 공정이 복잡하고 인건비가 많이 든다.
⑤ 세척 건조 가공방식보다 비용이 많이 든다.

12. 생산국의 저장창고에 있는 Green Coffee Bean은 적절한 조건하에서 품질의 큰 변화 없이 얼마 동안 보관이 가능한가?

① 6개월 이하 ② 1년 이하
③ 2년 이하 ④ 3년 이하
⑤ 10년 이하

13. 커피체리 구조에 관한 설명으로 옳지 않은 것은?

① 커피콩의 가운데 홈을 센터컷이라 한다.
② 커피공은 일반적으로 2개로 구성되어 있다.
③ 냉장 온도에서는 산화가 진행되지 않는다.
④ 로스티드 빈의 커피 향은 산화의 증거이다.
⑤ 볶은 커피보다 분쇄커피가 빨리 산화한다.

정답 [나형] 8. ① 9. ③ 10. ③ 11. ② 12. ⑤ 13. ③

14. 커피의 맛과 향을 결정짓는 중요한 요소만을 <보기>에서 모두 고른 것은?

(가) 로스팅	(나) 블렌딩
(다) 테스터기	(라) 커피의 성분

① (라) ② (가), (다)
③ (나), (라) ④ (가), (나), (라)
⑤ (가), (나), (다), (라)

15. 에스프레소 커피에 대한 설명으로 옳지 않은 것은?

① 고객이 신속하게 마시는 커피이다.
② 맛과 향에 좋지 않은 성분까지 추출되므로 빠르게 마시는 음료이다.
③ 뜨거운 물을 짧은 시간 동안 일정한 압력을 가해 추출한 커피이다.
④ 커피의 가용성 성분 및 콜로이드 성분이 다량 함유되어 있다.
⑤ 분쇄된 커피가 뜨거운 물과 접촉하여 커피의 유효 성분을 우려낸 것이다.

16. 카푸치노 커피의 조화를 위해서 필요한 것이 아닌 것은?

① 적절한 온도
② 맛의 균형감
③ 외관상 일정한 모양과 형태
④ 에스프레소 커피와 우유의 비율
⑤ 우유거품의 양과 부드러운 감촉

17. 수세 가공 커피(Washed Coffee)의 가공 순서로 옳은 것은?

① 과육제거 → 발효 → 세척 → 건조 → 탈곡
② 과육제거 → 발효 → 세척 → 탈곡 → 건조
③ 과육제거 → 세척 → 발효 → 건조 → 탈곡
④ 과육제거 → 발효 → 건조 → 세척 → 탈곡
⑤ 과육제거 → 탈곡 → 건조 → 발효 → 세척

18. 커피나무의 재배환경과 관련된 설명으로 옳은 것은?

① 일반적으로 고지대 커피나무의 생장속도가 빠르다.
② 커피체리는 그늘에서 좀더 빠르게 성숙된다.
③ 강수량은 많으면 많을수록 커피나무 생장에 좋다.
④ 미네랄이 풍부한 토질은 커피나무 생장을 촉진시킨다.
⑤ 고온인 적도 부근의 저지대가 최적의 커피나무 재배지역이다.

19. Which country created the Espresso coffee machine for the first time?

① Italy ② Belgium
③ Germany ④ Netherlands
⑤ Switzerland

정답 [나형] 14. ④ 15. ② 16. ③ 17. ① 18. ④ 19. ①

20. 커피콩을 로스팅하는 일반적인 가열 온도는?

① 140~160℃ ② 160~180℃
③ 180~200℃ ④ 220~230℃
⑤ 250~270℃

21. 커피를 추출하는 도구 중 여과식 방법인 것을 고르면?

① 사이펀 ② 터키식
③ 모카포트 ④ 커피메이커
⑤ 프렌치프레스

22. 에스프레소머신에 연결된 연수기에 대한 설명으로 옳지 않은 것은?

① 물에 포함된 미네랄을 제거한다.
② 제거되는 대표적 물질은 염소 성분이다.
③ 보일러 내부 부품의 스케일을 예방한다.
④ 연수기를 재생하고자 할 때 천연소금을 이용한다.
⑤ 양이온 교환수지에 통과시켜 경수를 연수화한다.

23. 카페인 제거 공정은 커피가 어떤 상태에서 이루어지는가?

① 카페 ② 그린 커피 빈
③ 추출액 ④ 피치먼트
⑤ 분쇄커피

24. 로스팅과정 중 수분제거단계에서 발생하는 현상만을 〈보기〉에서 모두 고른 것은?

(가) 색 변화	(나) 흡열과정
(다) 열분해과정	(라) 화학적 성분변화

① (라) ② (가), (나)
③ (나), (라) ④ (가), (나), (다)
⑤ (가), (나), (다), (라)

25. 에스프레소 커피 추출에 대한 설명으로 옳지 않은 것은?

① 커피의 구성 성분들을 뜨거운 물과 접촉하면 동시에 우러난다.
② 커피와 뜨거운 물의 접촉시간이 지나치게 짧으면 맛과 향이 부족하다.
③ 커피와 뜨거운 물의 접촉시간이 지나치게 길면 맛과 향이 떨어진다.
④ 커피가 뜨거운 물과 접촉하여 커피의 유효 성분을 우려내는 것이다.
⑤ 맛과 향이 좋은 성분들은 뜨거운 물과 접촉하면 보다 빠르게 추출된다.

26. 에스프레소 커피는 다른 방식으로 추출된 커피에 비해 맛과 향이 농축되어 있는데, 이에 대한 설명으로 옳지 않은 것은?

① 미세한 분쇄로 성분이 농축되어 있다.
② 압력을 가해 지방질과 미세한 섬유질이 유화되어 있다.
③ 지방질과 섬유질이 중후한 촉감을 느끼게 해 준다.
④ 여러 성분들이 농축되어 있어 향기를 보존해 준다.
⑤ 지방질이 향기 성분의 흡착을 높여 준다.

정답 [나형] 20. ④ 21. ④ 22. ① 23. ② 24. ② 25. ① 26. ④

27. 에스프레소 커피의 크레마에 대한 설명으로 옳지 않은 것은?

① 향을 오래 지속시켜 준다.
② 신선함의 절대적 기준이다.
③ 밀도가 높고 균일한 것이 좋다.
④ 미세한 오일방울로 이루어져 있다.
⑤ 부드러운 질감과 점성을 가지고 있다.

28. What are the Ideal extraction temperature for good espresso?

① Approximately 76~78℃
② Approximately 80~82℃
③ Approximately 83~87℃
④ Approximately 88~96℃
⑤ Approximately 97~106℃

29. 달콤한 향을 내면서 커피 에센스의 약 20%를 차지하는 휘발성 유기산은 무엇인가?

① Pyrrole　② Acetone
③ Pyridline　④ Furfural
⑤ Methyl Furan

30. 커피의 카페인 함량에 영향을 미치는 요소만을 〈보기〉에서 모두 고른 것은?

(가) 물의 온도	(나) 추출 방법
(다) 추출 시간	(라) 커피의 종류

① (라)　② (가), (나)
③ (나), (라)　④ (가), (나), (다)
⑤ (가), (나), (다), (라)

31. 한 잔의 카푸치노 커피를 250mL 용량으로 만들었다면 예상할 수 있는 맛 평가로 옳은 것은?

① 우유에서 비린내가 난다.
② 우유의 강한 맛을 느낀다.
③ 진한 에스프레소 커피 향을 느낀다.
④ 크레마가 우유 거품과 잘 조화된다.
⑤ 에스프레소 커피 맛을 혀로 느낄 수 있다.

32. 에스프레소 커피 추출이 빠른 현상의 원인을 해결하는 방법으로 옳지 않은 것은?

① 강하게 탬핑한다.
② 펌프압력을 줄인다.
③ 커피를 적정량 담는다.
④ 추출수의 온도를 높인다.
⑤ 커피입자 크기를 작게 분쇄한다.

33. 분쇄커피의 담기와 다지기를 최대한 빠른 시간에 실시해야 하는 이유만을 〈보기〉에서 모두 고른 것은?

(가) 커피의 산화 억제
(나) 고른 탬핑압의 전달
(다) 다진 커피의 균열 방지
(라) 포터필터의 열 손실 최소화

① (라)　② (가), (라)
③ (나), (라)　④ (가), (나), (다)
⑤ (가), (나), (다), (라)

정답 [나형] 27. ② 28. ④ 29. ② 30. ⑤ 31. ② 32. ④ 33. ②

34. 커피의 분쇄 작업에 대한 설명으로 옳지 않은 것은?

① 분쇄입자의 크기는 표면착에 비례한다.
② 볶은 정도가 다르면 분쇄입자의 편차가 심해진다.
③ 분쇄기 칼날이 무뎌지면 분쇄입자의 편차가 심해진다.
④ 다양한 크기의 밀도의 콩이 혼합된 상태는 효율을 감소시킨다.
⑤ 커피의 품종이나 원산지에 따라 분쇄되는 정도가 달라진다.

35. 커피 조리 시 필요한 행주로 옳지 않은 것은?

① 여분의 마른 행주
② 물기 제거용 마른 행주
③ 테이블 청소용 마른 행주
④ 스팀 노즐 청소용 마른 행주
⑤ 포터필터바스켓 청소용 마른 행주

36. 카페인이 체내에 흡수되어 심장에서 일어나는 현상에 대한 설명으로 옳지 않은 것은?

① 혈압이 오른다.
② 맥박수가 빨라진다.
③ 혈액순환이 촉진된다.
④ 심박동수가 증가한다.
⑤ 심장근의 자극으로 수축력이 낮아진다.

37. 분쇄커피를 다지기(Tamping)를 할 때 힘에 영향을 미치는 요소만을 〈보기〉에서 모두 고른 것은?

(가) 담은 양	(나) 분쇄 굵기
(다) 로스팅 정도	(라) 추출수 온도

① (라) ② (가), (나)
③ (나), (라) ④ (가), (나), (다)
⑤ (가), (나), (다), (라)

38. 에스프레소 커피 추출 시 물의 흐름 순서가 옳은 것은?

① 메인 급수 → 연수기 → 정수기 → 추출수 보일러 → 워터펌프 → 그룹헤드
② 메인 급수 → 정수기 → 연수기 → 추출수 보일러 → 워터펌프 → 그룹헤드
③ 정수기 → 메인 급수 → 연수기 → 워터펌프 → 추출수 보일러 → 그룹헤드
④ 메인급수 → 정수기 → 워터펌프 → 연수기 → 추출수 보일러 → 그룹헤드
⑤ 메인급수 → 정수기 → 연수기 → 워터펌프 → 추출수 보일러 → 그룹헤드

39. 그라인더의 유지 관리에 대한 설명으로 옳지 않은 것은?

① 칼날은 청소용 솔로 청소한다.
② 도저는 청소솔과 마른 행주로 청소한다.
③ 분쇄입자가 일정하지 않으면 칼날을 교체한다.
④ 호퍼 내벽에 쌓이는 기름은 세척 후 건조한다.
⑤ 사용 후에는 호퍼와 도저에 커피를 남겨 향을 지속시킨다.

정답 [나형] 34. ① 35. ④ 36. ⑤ 37. ② 38. ⑤ 39. ⑤

40. 커피의 분쇄입자가 클 때 추출에 미치는 영향만을 〈보기〉에서 모두 고른 것은?

> (가) 향이 풍부해진다.
> (나) 맛이 가벼워진다.
> (다) 추출수 유속이 빨라진다.
> (라) 크레마 색이 연한 갈색이다.

① (라) ② (가), (다)
③ (나), (라) ④ (가), (나), (라)
⑤ (가), (나), (다), (라)

41. 커피콩에서 방출되는 이산화탄소에 대한 설명으로 옳지 않은 것은?

① 로스팅과정에서 많은 양이 방출된다.
② 이산화탄소의 방출로 다공성 구조를 가진다.
③ 로스팅 완료 후에는 안정화되어 방출을 멈춘다.
④ 로스팅 시 다양한 열분해 반응에 의해 생성된다.
⑤ 약간의 일산화탄소와 휘발성 유기 성분을 동반한다.

42. 일반적으로 가장 밝은 크레마가 예상되는 커피를 고르면?

① 내추럴 커피 ② 분쇄된 커피
③ 워시드 커피 ④ 갓 볶은 커피
⑤ 로부스타 커피

43. 커피 조리과정에 대한 설명으로 옳지 않은 것은?

① 스팀 노즐은 사용 전후로 반드시 닦아 준다.
② 물기 있는 컵은 기계 위에 올려놓아야 잘 마른다.
③ 행주는 용도별로 전용 행주를 사용하는 것이 좋다.
④ 그룹헤드를 청결하게 유지해야 커피가 맛있다.
⑤ 포터필터를 사용하지 않을 때는 그룹헤드에 장착해 둔다.

44. 에스프레소 커피 추출 순서로 옳은 것은?

① leveling → dosing → tamping → grinding
② grinding → leveling → tamping → dosing
③ dosing → leveling → grinding → tamping
④ grinding → dosing → leveling → tamping
⑤ tamping → leveling → grinding → dosing

정답 [나형] 40. ④ 41. ③ 42. ④ 43. ② 44. ③

45. 커피기계의 추출수 압력에 대한 설명으로 옳지 않은 것은?

① 평균수압은 6bar이다.
② 압력 조절은 워터펌프의 조절나사로 한다.
③ 추출수 압력은 워터펌프에 의해서 생성된다.
④ 추출수압이 높아지면 커피 맛이 가벼워진다.
⑤ 추출수압이 낮아지면 물과 커피의 접촉 시간이 길어진다.

46. 에스프레소 커피 추출 시 포터필터 주변에서 누수 현상이 발생하였다. 그 발생 원인만을 〈보기〉에서 모두 고른 것은?

> (가) 포터필터의 손상
> (나) 그룹헤드 개스킷 마모
> (다) 드레인 라인이 막힌 상태
> (라) 포터필터에 분쇄커피가 과하게 담긴 상태

① (라) ② (가), (다)
③ (나), (라) ④ (가), (나), (라)
⑤ (가), (나), (다), (라)

47. 에스프레소 추출 시 그룹헤드를 청소하고 커피 추출이 정상적으로 이루어질 수 있는지 수시로 점검하는 것을 무엇이라고 하는가?

① pouting ② whipping
③ steaming ④ flashing
⑤ bubbling

48. 로스팅에 의해서 가장 많이 감소되는 성분을 고르면?

① 수분 ② 지방
③ 단백질 ④ 무기질
⑤ 탄수화물

49. 커피에서 떫은 맛을 내는 탄닌의 주 성분은?

① 올레산 ② 카페인
③ 리놀렌산 ④ 팔미트산
⑤ 클로로겐산

50. 에스프레소 커피를 추출하는 커피조리 시에 대한 설명으로 옳지 않은 것은?

① 분쇄커피를 담기 전에 필터바스켓은 건조하고 깨끗해야 한다.
② 필터바스켓은 커피 퍽을 제거 후 바로 온수로 세척할 수 있다.
③ 필터바스켓의 커피 퍽을 버리고 마른 행주로 닦아 쓸 수 있다.
④ 물기 있는 필터바스켓이라도 분쇄커피를 담아서 데운 물로 추출하기 때문에 이상 없다.
⑤ 필터바스켓에 커피찌꺼기가 있는 상태로 분쇄커피를 담아서 추출하면 고른 맛의 추출이 어렵다.

정답 [나형] 45. ① 46. ④ 47. ④ 48. ① 49. ⑤ 50. ④

51. 커피조리사의 직무에 대한 설명으로 옳지 않은 것은?

① 사용하는 재료에 대한 유통기한을 지킨다.
② 복장 등 개인 위생에 철저하게 신경을 쓴다.
③ 좋은 커피의 맛의 유지를 위해 청결에 힘쓴다.
④ 매장은 항상 깨끗하게 청소하고 수시로 정리 정돈해 둔다.
⑤ 커피는 신선도 유지를 위해 냉장보관하여 사용 직전에 꺼내 사용한다.

52. 커피 조리를 시작하기 전에 커피 잔이 데워져 있어야 하는 이유를 고르면?

① 커피의 쓴맛을 줄이기 위해서
② 커피의 신맛을 높이기 위해서
③ 커피의 온도를 유지하기 위해서
④ 커피찌거기를 빨리 침전시키기 위하여
⑤ 추운 날 고객의 손을 따뜻하게 하기 위해서

53. To-go 커피점에서 카푸치노 커피를 종이컵에 담아 주었다. 이 용기에서 용출되는 물질의 허용범위로 옳지 않은 것은?

① 비소 0.1 ppm이하
② 중금속 1.0 ppm 이하
③ 증발 잔유물 30 ppm 이하
④ 형광 증백제 3.0 ppm 이하
⑤ 포름알데히드 4.0 ppm 이하

54. 로스팅 과정에서 나타나는 화학적 변화 현상으로 옳지 않은 것은?

① 메일리드 반응이 일어나 갈색으로 변화된다.
② 향은 로스팅이 진행될수록 강해지다가 다시 약해진다.
③ 쓴맛을 내는 성분과 카페인은 로스팅 과정에서 증가한다.
④ medium 로스팅 단계에서는 맛의 균형과 풍부한 맛과 향을 가진다.
⑤ 낮은 온도에서의 로스팅은 시간이 길어지고 무게의 손실을 가져온다.

55. 카페 도피오(café doppio)에 대한 설명으로 옳은 것은?

① 지방 성분을 제거하는 것
② 추출시간을 길게 하는 것
③ 추출시간을 짧게 하는 것
④ 카페인 성분을 제거하는 것
⑤ 에스프레소 두 잔을 한잔에 담는 것

56. 그룹 헤드(grouphead)의 청소에 대한 설명으로 옳지 않은 것은?

① 포터필터에 블라인더 필터를 장착한다.
② 전용세제는 포터필터의 블라인더 필터에 넣는다.
③ 그룹헤드를 역류한 세제물은 보일러로 유입된다.
④ 솔레노이드 밸브를 통과한 세제물은 드레인 박스로 흐른다.
⑤ 연속버튼을 작동하여 5~10초마다 추출과 멈춤을 반복한다.

정답 [나형] 51. ⑤ 52. ③ 53. ④ 54. ③ 55. ⑤ 56. ③

57. 커피 메뉴에 우유를 첨가함으로써 얻을 수 있는 것으로 알맞지 않은 것은?

① 색의 조화 ② 영양의 균형
③ 맛의 부드러움 ④ 메뉴의 다양화
⑤ 커피 향의 보존

58. 에스프레소 커피의 신맛이 강하게 나는 요인만을 〈보기〉에서 모두 고른 것은?

(가) 지방산	(나) 짧은 추출시간
(다) 약한 로스팅	(라) 가는 분쇄입자

① (라) ② (가), (다)
③ (가), (나), (다) ④ (가), (나), (라)
⑤ (가), (나), (다), (라)

59. 커피 추출 후 포터필터에 남은 커피찌꺼기에서 오목하게 파인 부분이 발생하는 원인만을 〈보기〉에서 모두 고른 것은?

(가) 탬핑이 너무 강했다.
(나) 추출 압력이 너무 높았다.
(다) 헤드 필터가 부분적으로 막혔다.
(라) 분쇄커피를 밀도 있게 담지 못했다.

① (라) ② (가), (나)
③ (다), (라) ④ (가), (나), (다)
⑤ (가), (나), (다), (라)

60. 커피 조리 종사자에 대한 설명으로 옳지 않은 것은?

① 예방접종을 받아야 한다.
② 임시 건강진단은 필요 시 수시로 실시한다.
③ 화농성 질환이 완치될 때까지 조리 업무를 하지 못한다.
④ 소화기계 질환자는 조리 업무를 수행할 수 있다.
⑤ 정기 검진으로 건강상의 문제점을 조기에 발견한다.

정답 [나형] 57. ⑤ 58. ③ 59. ③ 60. ④

다형 커피조리사 2급

1. 일반적으로 알려진 커피의 최초 발견지와 최초 경작지가 순서대로 짝지어진 것은?

① 예멘 – 터키
② 콩고 – 브라질
③ 에티오피아 – 예멘
④ 에티오피아 – 인도
⑤ 예멘 – 에티오피아

2. 커피의 재배 시기가 옳은 것을 〈보기〉에서 모두 고른 것은?

> (가) 예멘 – 1400년경
> (나) 브라질 – 1727년경
> (다) 인도 – 1840년경
> (라) 자메이카 – 1730년경

① (가), (나), (다) ② (가), (다)
③ (나), (라) ④ (라)
⑤ (가), (나), (다), (라)

3. 커피체리의 구조에 관한 설명으로 옳지 않은 것은?

① 그린 빈의 가운데 홈을 센터컷이라고 한다.
② 중과피는 과육 부분을 말하며 펄프라고 한다.
③ 내과피는 파치먼트의 실버스킨으로 구성되어 있다.
④ 한 개의 체리 내부는 일반적으로 2개의 콩으로 구성되어 있다.
⑤ 체리는 안쪽에서부터 은피–내과피–중과피–외과피의 순서로 구성되어 있다.

4. 고산지대에서 재배된 커피가 고품질로 평가받는 이유에 대한 설명으로 옳지 않은 것은?

① 단단한 열매로 재배되기 때문에
② 경작지의 일교차가 크기 때문에
③ 커피를 마실 때 향이 뛰어나기 때문에
④ 커피를 마실 때 신맛이 많이 나기 때문에
⑤ 경작지에서 높은 온도가 유지되기 때문에

5. 아프리카 콩고가 원산지이며 흔히 로부스타라고 말하는 커피 품종의 학명은?

① 코페아 엑셀사(Coffea Excelsa)
② 코페아 로부스타(Coffea Robusta)
③ 코페아 아라비카(Coffea Arabica)
④ 코페아 리베리카(Coffea Liberica)
⑤ 코페아 카네포라(Coffea Canephora)

6. 아라비카 종의 커피를 재배하기에 적당한 조건으로 옳지 않은 것은?

① 기온 – 약 15~25℃
② 고도 – 약 1,000~2,000m
③ 강수량 – 약 1,200~1,500mm
④ 토양 – 미네랄이 풍부한 토양
⑤ 일조량 – 하루 12시간 이상 지속되는 강한 햇빛

정답 [다형] 1. ③ 2. ⑤ 3. ③ 4. ⑤ 5. ⑤ 6. ⑤

7. 커피나무 가지치기를 하는 이유에 대한 설명으로 옳지 않은 것은?

① 늙고 병든 가지를 제거하기 위해
② 수확에 알맞은 모양으로 만들기 위해
③ 기생충과 질병의 번짐을 최소화하기 위해
④ 열매 생산을 도울 새로운 가지의 발달을 위해
⑤ 가뭄과 서리에 강한 품종으로 개량하기 위해

8. 커피에 들어 있는 성분 중 물에 빠르게 용해되면서 신맛을 결정하는 지방산 성분은?

① 올레산 ② 팔미트산
③ 리놀레산 ④ 리놀렌산
⑤ 스테이로산

9. 커피의 단계별 명칭과 설명이 바르게 짝지어진 것은?

① Whole Bean – 커피 열매
② Brew Coffee – 로스팅이 완료된 커피
③ Ground Coffee – 볶은 후 분쇄된 커피
④ Green Bean – 수세가공법을 거친 커피
⑤ Roasted Bean – 정제과정이 완료된 커피

10. 커피의 생산지와 명칭이 바르게 짝지어진 것은?

① 브라질 – Santos
② 콜롬비아 – Harrar
③ 인도네시아 – Mattari
④ 자메이카 – Kilimanjaro
⑤ 에티오피아 – Mandheling

11. 카페인이 인체에 흡수되면 아드레날린과 노르아드레날린을 분비하는 곳은?

① 간 ② 위 ③ 신장
④ 부신 ⑤ 심장근

12. 도저에 있는 분쇄커피를 호퍼에 넣지 말아야 하는 이유만을 〈보기〉에서 모두 고른 것은?

(가) 호퍼의 내벽이 오염된다. (나) 그라인더 칼날이 망가진다. (다) 분쇄하는 동안에 소리가 난다. (라) 커피는 항상 추출 전에 분쇄되어야 한다.

① (라) ② (가), (다)
③ (나), (라) ④ (가), (나), (라)
⑤ (가), (나), (다), (라)

13. 그린 빈의 품질을 결정하는 요소에 해당하는 것만을 〈보기〉에서 모두 고른 것은?

(가) 품종	(나) 재배환경
(다) 경작방법	(라) 가공과정

① (라) ② (가), (다)
③ (나), (라) ④ (가), (나), (라)
⑤ (가), (나), (다), (라)

정답 [다형] 7. ⑤ 8. ③ 9. ③ 10. ① 11. ④ 12. ④ 13. ⑤

14. 다음에서 설명하는 가공 방법을 고르면?

> 커피체리를 수확하여 껍질을 제거한 후 점액질이 붙은 상태로 건조시키는 가공 방법으로 주로 브라질에서 사용하는 방법이다.

① 내추럴 커피(Natural Coffee)
② 워시드 커피(Washed Coffee)
③ 풀 워시드 커피(Full-washed Coffee)
④ 세미 워시드 커피(Semi-washed Coffee)
⑤ 펄프드 내추럴 커피(Pulped natural Coffee)

15. 그린 커피 빈을 분류하는 기준이 다른 나라는?

① 케냐 ② 하와이
③ 콜롬비아 ④ 탄자니아
⑤ 과테말라

16. 카페인을 제거하는 공정을 진행할 때 커피의 상태로 올바른 것은?

① 체리 ② 추출액
③ 그린 커피 빈 ④ 분쇄커피
⑤ 파치먼트

17. 그린 커피 빈에 가장 많이 포함된 성분을 고르면?

① 지방 ② 무기질
③ 단백질 ④ 탄수화물
⑤ 비휘발성산

18. 일반적으로 볶은 커피 100g에서 무기질 함량이 가장 낮은 것은?

① 인 ② 철
③ 칼슘 ④ 칼륨
⑤ 나트륨

19. 에스프레소 커피기계를 다룰 때, 스팀 노즐의 청소가 반드시 이루어져야 할 때는 언제인가?

① 스티밍 전과 후
② 매장을 마치면서
③ 일과 후 1일 점검 때
④ 점심시간과 쉬는 시간
⑤ 매장 오픈 후 커피기계 예열 직후

20. 로스팅 과정 중 크게 변화가 없는 것은?

① 색상의 변화 ② 형태의 변화
③ 카페인의 변화 ④ 향 성분의 변화
⑤ 가용성 성분의 변화

21. 에스프레소 커피기계의 그룹헤드에 대한 설명으로 옳지 않은 것은?

① 포터필터를 결합시키는 부분이다.
② 분쇄된 커피가 바로 접촉하는 곳이다.
③ 알류미늄 재질로 강한 열과 심한 냉동에도 잘 견딘다.
④ 커피기계에 따라 구조가 다르므로 추출에 영향을 미친다.
⑤ 두께가 두껍고 무거울수록 그룹 내부의 물 온도가 잘 보존된다.

정답 [다형] 14. ⑤ 15. ⑤ 16. ③ 17. ④ 18. ⑤ 19. ② 20. ③ 21. ③

22. 에스프레소 커피의 맛을 평가하는 순서로 옳은 것은?

① 향기 – 혀 전체의 맛 – 마지막 남는 맛
② 향기 – 혀 앞부분의 맛 – 혀 전체의 맛
③ 향기 – 혀 전체의 맛 – 혀 앞부분의 맛
④ 혀 앞부분의 맛 – 혀 전체의 맛 – 혀 뒷부분의 맛
⑤ 혀 앞부분의 맛 – 혀 좌우의 맛 – 혀 뒷부분의 맛

23. 로스팅 단계와 맛의 관계가 바르게 짝지어진 것은?

① Dark Roast – 강한 단맛
② Light Roast – 강한 쓴맛
③ Light Roast – 강한 떫은맛
④ Dark Roast – 강한 떫은맛
⑤ Medium Roast – 강한 단맛

24. 볶은 커피에 함유되어 있는 휘발성 가스에 대한 설명으로 옳지 않은 것은?

① 이산화탄소와 향 성분을 포함한다.
② 로스팅 시 발생하여 배출되기 시작한다.
③ 지나치게 많으면 커피의 추출을 방해할 수 있다.
④ 잔존하는 가스의 양이 많을수록 갓 볶은 커피이다.
⑤ 이산화탄소가 먼저 방출되고 이후 향 성분이 방출된다.

25. 커피에 함유된 트리고넬린(Trigonelline)에 대한 설명으로 옳지 않은 것은?

① 그린 빈에 다량 함유되어 있다.
② 커피에서 쓴맛을 내는 성분 중의 하나이다.
③ 높은 온도와 긴 시간의 로스팅에서 더욱 감소한다.
④ 아라비카보다 로부스타 종에 더 많이 함유되어 있다.
⑤ 열에 불안정하여 로스팅 중 분해되어 맛과 향 성분으로 생성된다.

26. What is the wrong explanation about espresso extraction?

① Quantity 25~35 mL
② Grind coffee 7~8 g
③ Time 20~30 seconds
④ Water pressure 1.0~1.2 bar
⑤ Water temperature 88~96℃

27. 블렌딩(Blending)의 목적으로 옳지 않은 것은?

① 새로운 브랜드를 창조하기 위해서
② 균형 잡힌 맛을 만들어내기 위해서
③ 제품의 차별화 및 다양화를 위해서
④ 품질을 지속적으로 유지시키기 위해서
⑤ 질 낮은 커피의 소비를 촉진하기 위해서

정답 [다형] 22. ① 23. ③ 24. ⑤ 25. ④ 26. ④ 27. ⑤

28. 커피에서 생리학적으로 가장 활성화된 물질로 각성작용과 이뇨작용을 촉진하는 성분은 무엇인가?

① 유기산 ② 지방산
③ 카페인 ④ 클로로겐산
⑤ 트리고넬린

29. 커피에 들어있는 불포화지방산에 해당하는 것만을 〈보기〉에서 모두 고른 것은?

(가) 올레산	(나) 리놀레산
(다) 리놀렌산	(라) 팔미트산

① (라) ② (가), (다)
③ (나), (라) ④ (가), (나), (다)
⑤ (가), (나), (다), (라)

30. 볶은 커피의 보관에 대한 설명으로 옳지 않은 것은?

① 햇볕이 들지 않는 곳에 보관한다.
② 다른 냄새가 없는 곳에 보관한다.
③ 공기와의 접촉이 차단되도록 보관한다.
④ 1회 사용량만큼씩 갈아서 따로 보관한다.
⑤ 사용량을 고려하여 소포장으로 구매하고 보관한다.

31. 에스프레소머신의 포터필터(Portafilter) 구성으로 옳지 않은 것은?

① 손잡이 ② 필터 홀더
③ 개스킷(Gasket) ④ 필터바스켓
⑤ 추출구(Spout)

32. 커피 추출 후 커피잔여물이 떨어져 한 곳으로 모이는 곳은?

① 피처 ② 호퍼 박스
③ 도저 박스 ④ 드레인 박스
⑤ 포터필터바스켓

33. 커피조리사가 커피추출시간을 측정하고자 할 때 언제부터 측정하는 것이 바람직한가?

① 추출 버튼을 누를 때
② 커피를 분쇄하여 포터필터에 담을 때
③ 그룹헤드에서 포터필터를 분리할 때
④ 그룹헤드에서 물흘림할 때
⑤ 커피가 포터필터 추출구에서 떨어질 때

34. 식기류의 소독 방법으로 올바른 것만을 〈보기〉에서 모두 고른 것은?

> (가) 80℃의 열품에 30분 이상 처리
> (나) 100℃의 증기에 15분 이상 처리
> (다) 치아염소나트륨의 0.3~0.5% 용액에 10분간 처리
> (라) 100℃의 물에 완전히 잠기도록 하여 3분 이상 처리

① (라) ② (가), (다)
③ (나), (라) ④ (가), (나), (다)
⑤ (가), (나), (다), (라)

정답 [다형] 28. ③ 29. ④ 30. ④ 31. ③ 32. ④ 33. ① 34. ⑤

35. 에스프레소 커피기계의 보일러에 대한 설명으로 옳지 않은 것은?

① 일체형 보일러의 경우 더 단순하고 경제적이다.
② 보일러 용량이 작을수록 추출수 온도가 안정적이다.
③ 전원의 잦은 on/off는 내부에 스케일을 촉진시킨다.
④ 독립형 보일러의 경우 추출수 온도의 변화폭이 낮다.
⑤ 장기간 기계를 꺼둘 경우에는 내부의 물을 제거하는 것이 좋다.

36. 에스프레소 커피를 추출하고 나서 시간이 경과한 후에 다시 추출하고자 할 때 주의하여 점검해야 할 사항이 아닌 것은?

① 스티밍 ② 컵 온도
③ 추출 압력 ④ 추출수 온도
⑤ 그룹헤드 물흘림

37. 식품위해요소중점관리기준(HACCP)이 적용되는 요소만을 〈보기〉에서 모두 고른 것은?

(가) 원료	(나) 제조
(다) 가공	(라) 유통

① (라) ② (가), (다)
③ (나), (라) ④ (가), (나), (다)
⑤ (가), (나), (다), (라)

38. 커피 추출수 압력이 매우 높아지는 현상은 워터펌프의 오작동에 의해서 발생한 것이다. 전문기사에 의해 수리되었다면 그 압력은?

① 2 bar ② 3 bar
③ 5 bar ④ 9 bar
⑤ 15 bar

39. 에스프레소의 추출량을 프로그램하려고 할 때 용량이 조절되지 않는다면 고장이 예상되는 부품은?

① 샤워 홀더 ② 펌프 모터
③ 플로우 미터 ④ 압력 게이지
⑤ 솔레노이드 밸브

40. 에스프레소 머신의 스팀 노즐에 대한 설명으로 옳지 않은 것은?

① 악취가 나면 스팀 완드와 팁을 청소한다.
② 스팀을 사용하여 우유거품을 만들 때 사용한다.
③ 스팀 사용 전후로 젖은 행주를 사용하여 청결을 유지한다.
④ 스팀이 새어나오면 스팀보다 내부의 스팀 개스킷을 교체한다.
⑤ 스팀의 세기는 스팀보일러의 압력에 반비례하고, 압력 게이지에서 확인한다.

정답 [다형] 35. ② 36. ① 37. ⑤ 38. ④ 39. ③ 40. ⑤

41. 커피기계의 부품에 대한 설명이다. 부품의 명칭과 주요 기능으로 옳은 것은?

① Vacuum Valve – 스팀 압력을 제어한다.
② Water Pump – 백 프레슈어 기능을 수행한다.
③ Flow Meter – 보일러 물 수위를 조절한다.
④ Group Valves – 프로그래밍된 추출수량을 제어한다.
⑤ Boilersafety Valve – 보일러의 과부하된 압력을 제어한다.

42. 그린 빈의 보관 방법에 대한 설명으로 옳지 <u>않은</u> 것은?

① 건조하고 서늘한 곳에 보관한다.
② 온도와 습도의 변화가 적은 곳에 보관한다.
③ 햇빛이 잘 들고 통풍이 잘되는 곳에 보관한다.
④ 포대는 지면으로부터 일정한 공간을 두고 보관한다.
⑤ 포장재는 그린 빈을 보호할 수 있는 마재질을 주로 사용한다.

43. 에스프레소 커피의 성분이 너무 적게 추출되었을 때 예측되는 원인으로 옳지 <u>않은</u> 것은?

① 추출수압이 높았다.
② 추출속도가 너무 느렸다.
③ 분쇄커피가 너무 굵었다.
④ 추출수의 온도가 낮았다.
⑤ 분쇄커피 양이 너무 적었다.

44. 에스프레소 커피의 크레마(Crema)에 대한 설명으로 옳지 <u>않은</u> 것은?

① 지방과 향 성분이 결합된 미세한 거품이다.
② 향을 오래 지속시키며 부드러운 촉감을 느끼게 한다.
③ 맛과는 상관없으므로 꺼질 때까지 기다렸다가 마신다.
④ 로부스타나 자연 건조 방식을 이용한 커피에서 더 많이 생성된다.
⑤ 기포나 흰점이 없고 농도가 짙고 지속성이 있는 것이 좋다.

45. 균형 잡힌 맛과 향의 에스프레소를 추출하기 위한 요건으로 옳지 <u>않은</u> 것은?

① 강한 탬핑
② 적절한 추출량
③ 고른 밀도의 도징
④ 적절한 분쇄입도
⑤ 적절한 커피 사용량

46. Which country is known as the first place of origin of coffee tree?

① India ② Brazil
③ Etiopia ④ Colombia
⑤ Costa Rica

정답 [다형] 41. ⑤ 42. ③ 43. ② 44. ③ 45. ① 46. ③

47. 시각적으로 적절한 에스프레소의 크레마에 해당하는 것은?

① 중앙 부분에 기포가 형성되어 있다.
② 가장자리에 검은 띠가 형성되었다.
③ 짙은 갈색의 퍼진 모양이 형성되었다.
④ 한쪽에 흰색의 둥근 원이 형성되어 있다.
⑤ 표면이 뭉쳐있는 모양으로 형성되었다.

48. 에스프레소 커피기계와 유사한 추출방식으로 가정용 에스프레소 커피 추출기구로 사용되는 것은?

① 드립 ② 사이폰
③ 모카포트 ④ 프렌치프레소
⑤ 이브릭

49. 커피메뉴를 조리할 때 위생관리에 대한 설명으로 옳은 것은?

① 앞치마에 있는 행주는 기계 주변의 물기 제거용으로 사용한다.
② 스팀 노즐용 행주는 오염방지를 위해서 별도 용기에 올려 사용한다.
③ 기계 위는 보일러로 인하여 항상 따뜻하므로 물기 있는 잔을 올려 말린다.
④ 에스프레소 잔은 손으로 브림(Brim) 부분 전체를 감싸서 따뜻하게 보온이 되었는지 확인한다.
⑤ 분쇄커피를 지나치게 많이 담았을 경우 도저에 포터필터 전체를 넣어 안전하게 제거한다.

50. 한 잔의 에스프레소 커피를 추출할 때 기준에 대한 설명으로 옳지 않은 것은?

① 커피 사용량은 7~9 g
② 추출 온도는 88~96℃
③ 추출 압력은 7~10 bar
④ 추출 시간은 20~30초
⑤ 양은 크레마를 제외한 35mL

51. 카푸치노 커피 조리에 필요한 우유 스티밍에 대한 설명으로 옳지 않은 것은?

① 필요한 만큼의 우유를 사용한다.
② 거품은 많은 양을 만들수록 좋다.
③ 스팀 주입과 회전을 적절하게 활용한다.
④ 항상 신선하고 차가운 우유를 사용한다.
⑤ 최종 온도는 65℃를 넘기지 않는다.

52. 볶은 커피의 산화에 영향을 미치는 요인이 아닌 것을 고르면?

① 빛 ② 온도
③ 산소 ④ 습기
⑤ 비활성 기체

53. 에스프레소 커피 잔에 대한 설명으로 옳지 않은 것은?

① 두꺼워야 좋다.
② 도자기 재질이 좋다.
③ 바닥이 넓어야 좋다.
④ 보온성이 높은 것이 좋다.
⑤ 손잡이가 달린 것이 좋다.

정답 [다형] 47. ③ 48. ③ 49. ② 50. ⑤ 51. ② 52. ⑤ 53. ③

54. 커피조리사가 서두르는 과정에서 포터필터가 그룹헤드와 충돌한 후 삽입되었을 때 나타나는 현상만을 〈보기〉에서 모두 고른 것은?

> (가) 추출수량이 증가
> (나) 고른 추출에 불리
> (다) 추출수 온도 변화
> (라) 다진 커피에 균열 발생

① (라)　② (가), (다)
③ (나), (라)　④ (가), (나), (다)
⑤ (가), (나), (다), (라)

55. 얼음을 이용하여 시원하게 만든 커피 메뉴를 고르면?

① Kaffe Mocha
② Caffe Freddo
③ Caffe Mochaccin
④ Caffe Con Panna
⑤ Caffe Latte Macchiato

56. 커피조리사가 갖추어야 할 소양으로 옳은 것만을 〈보기〉에서 모두 고른 것은?

> (가) 바리스타에 대한 직업관
> (나) 커피에 관한 폭넓은 지식
> (다) 서비스와 커뮤니케이션 기술
> (라) 커피 조리를 위한 기초적인 기술

① (라)　② (가), (다)
③ (나), (라)　④ (가), (나), (다)
⑤ (가), (나), (다), (라)

57. 커피 추출 시 나오는 성분으로 옳지 않은 것은?

① 당 성분　② 산 성분
③ 탄화수소　④ 가용성 성분
⑤ 불용성 오일 성분

58. 커피기계 내부의 전기 및 컴퓨터 컨트롤 박스가 두꺼운 고무재질로 감싸여 있는 근본적인 이유만을 〈보기〉에서 모두 고른 것은?

> (가) 열 차단　(나) 소음 감소
> (다) 습기 방어　(라) 충격 완화

① (라)　② (가), (다)
③ (나), (라)　④ (가), (나), (다)
⑤ (가), (나), (다), (라)

59. 스테인리스 스틸은 내식성이 강하고 위생적이나, 가공 처리가 불량한 경우에 용출될 수 있는 중금속의 종류는?

① 납　② 크롬
③ 수은　④ 주석
⑤ 카드뮴

60. 커피조리사가 영업 개시 전에 준비하지 않아도 되는 업무는?

① 우유를 미리 꺼내 놓는다.
② 재료가 충분한지 확인한다.
③ 에스프레소 기계를 미리 점검해 둔다.
④ 재료와 집기류를 정리정돈한다.
⑤ 잔을 보온하고 청결한지 점검한다.

정답 [다형] 54. ③ 55. ② 56. ⑤ 57. ③ 58. ② 59. ② 60. ①

라형 커피조리사 2급

1. 각 나라별 커피를 부르는 용어로 옳은 것만을 〈보기〉에서 모두 고른 것은?

(가) 터키 – Kahve	(나) 프랑스 – Caffe
(다) 이탈리아 – Caffe	(라) 독일 – Kaffee

① (라) ② (가), (다)
③ (나), (라) ④ (가), (나), (다)
⑤ (가), (나), (다), (라)

2. 다음 중 커피품종이 다른 하나를 고르면?

① Typica ② Cature
③ Bourbon ④ Kouilou
⑤ Mundo Novo

3. 로부스타 커피에 대한 설명으로 옳지 않은 것은?

① 향이 적고 쓴맛이 강하다.
② 학명은 Coffea Canephora이다.
③ 아라비카에 비해 생산성이 낮다.
④ 무덥고 습도가 높은 열대지역의 저지대에서 잘 자란다.
⑤ 커피콩의 모양은 전체적으로 동그랗고 센터컷이 일자이다.

4. 세계 주요 커피 생산량의 대부분을 차지하는 아라비카 종과 로부스타 종의 생산량의 비율은?

① 9:1 ② 8:2
③ 7:3 ④ 6:4
⑤ 5:5

5. 로부스타 종에 대한 설명으로 옳은 것은?

① 나쁜 환경에 적응력이 약하다.
② 병충해에 민감하게 반응한다.
③ 생육의 최적온도는 24~30℃이다.
④ 최적의 강수량은 아라비카 종보다 적어도 된다.
⑤ 습도가 낮은 비옥한 토질에서 자란다.

6. 피베리(Peaberry)에 대한 설명으로 옳지 않은 것은?

① 일반적으로 한쪽 면이 평평하다.
② 체리 안에서 한 개만 자란 것이다.
③ 고령의 나무에서 생산되는 미성숙 열매이다.
④ 생산적인 측면에서 하나의 결함으로 볼 수 있다.
⑤ 유전적 · 환경적 조건 또는 불완전한 수정 등이 원인이다.

7. 저지대에 비해 고지대에서 재배되는 커피의 특성에 대한 설명으로 옳지 않은 것은?

① 더 강한 향 ② 더 짙은 녹색
③ 더 강한 밀도 ④ 더 강한 보디
⑤ 강화수확량 증대

8. 커피나무의 그늘재배(Shading) 효과에 해당하는 것이 아닌 것은?

① 바람막이 ② 나무 생장력
③ 토양의 비옥화 ④ 수분증발 방지
⑤ 강화수확량 증대

정답 [라형] 1. ⑤ 2. ④ 3. ③ 4. ③ 5. ③ 6. ① 7. ⑤ 8. ③

9. 커피를 수확하는 방법에 대한 설명으로 옳은 것은?

① 피킹(Picking)은 노동력과 인건비가 많이 든다.
② 스트리핑(Stripping)은 기계를 이용하여 가지를 털어 내는 방식이다.
③ 피킹(Picking)은 기계를 이용하여 가지를 털어 내는 방식이다.
④ 스트리핑(Stripping)은 잘 익은 것만을 손으로 골라 따는 방식이다.
⑤ 메커니컬(Mechanical)은 거의 익었을 때 가지 전체를 손으로 훑어 내는 방식이다.

10. 커피를 가공하고자 할 때 자연 건조 방식(Dry Method)이나 세척 건조 방식(Wet Method)을 선택하는 기준이 될 수 없는 것은?

① 습도 ② 일조량
③ 수확 연도 ④ 수확 방식
⑤ 물 공급 여부

11. 커피의 가공방식에 대한 설명으로 옳지 않은 것은?

① 세척 건조 가공은 품질이 좀 더 균일하다.
② 세척 건조 가공은 단맛과 풍부함이 특징이다.
③ 세척 건조 가공은 환경오염의 문제를 야기한다.
④ 자연 건조 가공은 미생물 감염에 노출될 확률이 높다.
⑤ 자연 건조 가공은 세척 건조 가공보다 비용이 적게 든다.

12. 커피체리 가공과정 중 수분 함량의 변화로 옳지 않은 것은?

① 탈곡된 생콩(Green Bean) – 약 12%
② 수확한 체리(Fresh Cherry) – 약 65%
③ 건조된 체리(Dry Coffee Cherry) – 약 22%
④ 세척된 파치먼트(Wet Parchment Coffee) – 약 55%
⑤ 건조된 파치먼트(Dry Parchment Coffee) – 약 12%

13. 일반적으로 그린 커피 빈의 품질을 평가하는 기준으로 옳지 않은 것은?

① 콩이 균일할수록 고품질이다.
② 콩의 색상이 녹색을 띨수록 고품질이다.
③ 콩의 크기가 클수록 그리고 밀도가 높을수록 고품질이다.
④ 결점콩의 수가 적을수록 고품질이다.
⑤ 일교차가 큰 고산지대에서 재배된 콩이 더 고품질이다.

14. 다양한 추출법에 사용되는 커피의 분쇄입자가 작은 것에서부터 큰 것의 순서로 올바르게 나열된 것은?

① 터키식 – 에스프레소 – 모카포트 – 드립 – 프렌치프레스
② 터키식 – 모카포트 – 에스프레소 – 드립 – 프렌치프레스
③ 터키식 – 에스프레소 – 모카포트 – 프렌치프레스 – 드립
④ 에스프레소 – 카포트 – 터키식 – 프렌치프레스 – 드립
⑤ 에스프레소 – 터키식 – 모카포트 – 드립 – 프렌치프레스

정답 [라형] 9. ① 10. ③ 11. ② 12. ③ 13. ③ 14. ①

15. 그린 빈을 수확한 후 보관 연도를 기준으로 2년이 지난 콩에 붙이는 명칭은?

① New Crop ② Old Crop
③ Aged Bean ④ Past Crop
⑤ Current Crop

16. 크기가 일정한 커피콩의 품질이 보다 우수하다고 평가받을 수 있는 이유는?

① 맛과 향이 더 좋다.
② 경제성이 높아진다.
③ 전체 중량이 많아진다
④ 로스팅이 일정하게 이루어진다.
⑤ 크기가 균일하면 보기에 더 좋다.

17. 커피를 로스팅하는 이유로 옳지 않은 것은?

① 분쇄를 쉽게 하기 위해
② 특유의 맛과 향을 위해
③ 특유의 색깔을 얻기 위해
④ 추출을 원활하게 하기 위해
⑤ 보관기간을 길게 하기 위해

18. 아라비카 종과 로부스타 종이 최초로 발견된 곳이 순서대로 연결된 것을 고르면?

① 에티오피아 – 콩고
② 콩고 – 에티오피아
③ 콜롬비아 – 브라질
④ 브라질 – 콜롬비아
⑤ 인도 – 코트디부아르

19. 로스팅이 진행됨에 따라 커피콩에서 일어나는 변화로 옳지 않은 것은?

① 향은 신향을 거쳐 커피 고유향으로 바뀌었다가 감소된다.
② 로스팅이 진행될수록 신맛은 감소하고 쓴맛은 증가한다.
③ 색깔은 녹색에서 점차 노란색, 갈색, 검은색으로 변화한다.
④ 수분 감소와 성분의 분해로 인해 무게는 지속적으로 줄어든다.
⑤ 로스팅이 진행될수록 다공성으로 변해 부피는 지속적으로 팽창한다.

20. 로스팅에 의한 커피콩의 화학적 성분 변화에 대한 설명으로 옳지 않은 것은?

① 카페인은 승화작용으로 아주 소량 증가한다.
② 트리고넬린은 로스팅 정도에 비례해서 감소한다.
③ 탄수화물은 수용성 다당류나 갈색물질로 변환된다.
④ 세포벽은 붕괴로 인하여 지질은 커피콩의 표면으로 이동한다.
⑤ 클로로겐산은 휘발성 향 성분과 중합 성분을 생성하면서 분해된다.

정답 [라형] 15. ② 16. ④ 17. ⑤ 18. ① 19. ⑤ 20. ①

21. 추출한 커피를 식기 전에 빨리 마셔야 하는 이유는?

① 카페인 함량이 늘어나 심박수를 증가시킨다.
② 자당이 증가하여 새로운 성분을 생성시킨다.
③ 리놀레산이 감소하여 크레마 성분을 변화시킨다.
④ 트리고넬린이 증가하여 미네랄 성분을 변화시킨다.
⑤ 지방산이 물에 용해되어 커피 맛을 변화시킨다.

22. 커피의 특성과 소비자의 입맛에 맞도록 여러 조건의 커피를 혼합시켜 맛과 향을 만드는 과정을 무엇이라고 하는가?

① Blending ② Smelling
③ Roasting ④ Harmony
⑤ Flavoring

23. Which is paired correctly in roasting Phase?

① Drying – Roasting – Cooling
② Cooling – Drying – Roasting
③ Roasting – Cooling – Drying
④ Cooling – Roasting – Drying
⑤ Roasting – Drying – Cooling

24. 커피를 블렌딩하는 방법에 대한 설명으로 옳지 않은 것은?

① 블렌딩 전 추구하고자 하는 맛과 향을 먼저 결정한다.
② 콩의 특성에 맞는 로스팅단계를 염두해두어야 한다.
③ 지속적으로 공급될 수 있는 커피콩을 선택하는 것이 좋다.
④ 로스팅 후 블렌딩은 여러 번의 로스팅이 필요하나 재고가 적다.
⑤ 품질이 유사한 커피콩을 사용하면 맛과 향의 조화를 보다 쉽게 이룰 수 있다.

25. 볶은 커피의 산화현상을 억제하기 위하여 기피해야 할 요인만을 〈보기〉에서 모두 고른 것은?

(가) 습기	(나) 빛
(다) 산소	(라) 질소

① (라) ② (가), (다)
③ (나), (라) ④ (가), (나), (다)
⑤ (가), (나), (다), (라)

26. 분쇄에 대한 설명으로 옳지 않은 것은?

① 추출법에 맞는 적합한 분쇄가 필요하다.
② 풍부한 커피 맛을 위해서는 분쇄입자 크기가 다양한 것이 좋다.
③ 추출하기 직전에 분쇄하는 것이 좋다.
④ 분쇄를 통해서 커피의 고형 성분이 물에 쉽게 녹을 수 있다.
⑤ 물이 커피입자와 접촉하는 표면적을 넓히는 과정이다.

정답 [라형] 21. ⑤ 22. ① 23. ① 24. ④ 25. ④ 26. ②

27. 커피 포장에 대한 설명으로 옳지 않은 것은?

① 보관기관이 짧은 경우에는 알류미늄 팩에 포장한다.
② 포장은 비용의 감소를 위해 될 수 있으면 크게 만드는 것이 좋다.
③ 추출하기 직전에 분쇄하는 것이 좋다.
④ 분쇄를 통해서 커피의 고형 성분이 물에 쉽게 녹을 수 있다.
⑤ 물이 커피입자와 접촉하는 표면적을 넓히는 과정이다.

28. 커피에서 생리학적으로 가장 활성화된 물질로 각성작용과 이뇨작용을 촉진하는 성분은 무엇인가?

① 유기산 ② 지방산
③ 카페인 ④ 트리고넬린
⑤ 클로르겐산

29. 식품에서 미생물의 증식을 억제하는 방부제의 이상적인 조건만을 〈보기〉에서 모두 고른 것은?

> (가) 기호에 맞아야 한다.
> (나) 독성이 있어야 한다.
> (다) 사용법이 쉬워야 한다.
> (라) 미량으로 효과가 있어야 한다.

① (라) ② (가), (다)
③ (나), (라) ④ (가), (나), (다)
⑤ (가), (나), (다), (라)

30. 냉장고 관리에 대한 설명으로 옳지 않은 것은?

① 성에를 수시로 제거한다.
② 1주일에 1회 정도 청소한다.
③ 냉동판을 칼로 긁지 않아야 한다.
④ 70% 알코올로 적신 행주로 소독한다.
⑤ 냉장고 내에 식품을 가득 채우면 냉기의 흐름이 정체되어 냉장효과가 크다.

31. 에스프레소 커피 추출에 사용되는 도구에 대한 설명으로 옳은 것은?

① 넉 박스(Knock Box) – 커피를 보관하는 도구이다.
② 탬퍼(Tamper) – 필터바스켓에 분쇄된 커피를 담는 도구이다.
③ 스파우트(Spout) – 헤드필터에 접촉하는 포터필터의 가장자리 부분을 말한다.
④ 블라인드 필터(Blind Filter) – 구멍이 막힌 필터로 그룹헤드 청소 시 사용된다.
⑤ 개스킷(Gasket) – 포터필터에서 바스켓이 빠지지 않도록 잡아주는 역할을 한다.

32. 커피콩의 선별과정에서 이물질로 분류되지 않는 것은?

① Pod ② Stick
③ Cherry ④ Peaberry
⑤ Parchment

정답 [라형] 27. ② 28. ③ 29. ⑤ 30. ⑤ 31. ④ 32. ④

33. 포터필터의 분쇄커피에 전달되는 추출수의 최적 압력은?

① 약 1.5bar ② 약 3bar
③ 약 5bar ④ 약 9bar
⑤ 약 12bar

34. 에스프레소 커피기계 밑에서 오염된 물이 새어나오는 원인만을 〈보기〉에서 모두 고른 것은?

> (가) 추출수압의 증가
> (나) 드레인 라인의 막힘 현상
> (다) 드레인 박스 연결 부분 마모
> (라) 그룹헤드에서 역류하여 솔레노이드 밸브를 통해서 흐른 현상

① (라) ② (가), (다)
③ (나), (다) ④ (가), (나), (다)
⑤ (가), (나), (다), (라)

35. 갑작스런 단수에 의해 커피기계에서 발생되는 현상을 〈보기〉에서 모두 고른 것은?

> (가) 스팀압력 상승
> (나) 워터펌프 굉음
> (다) 플로우 미터 휠 속도 증가
> (라) 커피추출수압 저하

① (가), (나), (다) ② (나), (라)
③ (가), (다) ④ (가), (나), (다)
⑤ (가), (나), (다), (라)

36. 커피 그라인더의 유지관리에 대한 설명으로 옳은 것은?

① Doser는 항상 절반 정도 채워두고 사용한다.
② 분쇄입자가 일정하지 않으면 분쇄 굵기를 조정한다.
③ Doser는 청결 유지를 위해서 매일 솔로 깨끗이 청소한다.
④ 칼날의 마모를 예방하기 분무기로 분사시켜서 청소한다.
⑤ Hopper 내벽에 쌓이는 기름은 커피와 향을 담고 있기 때문이다.

37. 가장 좋은 맛의 커피를 추출하기 위한 적절한 물의 온도로 옳은 것은?

① 60~78℃ ② 70~85℃
③ 85~90℃ ④ 88~96℃
⑤ 95~100℃

38. 에스프레소 기계 중에서 반자동과 자동으로 구분할 수 있는 부품으로, 자석성질의 휠이 회전하여 물의 유입량을 계량하는 것은?

① Flow Meter
② Steam Meter
③ Group Valve Meter
④ Boiler Steam Meter
⑤ Water Pressure Meter

정답 [라형] 33. ④ 34. ③ 35. ② 36. ③ 37. ④ 38. ①

39. 에스프레소 커피의 추출시간이 길었을 때 나타나는 현상이 아닌 것은?

① 쓴맛이 다소 강하다.
② 신맛이 강하다.
③ 자극적인 향을 낸다.
④ 좋지 못한 성분들이 우러난다.
⑤ 크레마 색이 연하다.

40. 가장 오래된 추출법이며, 커피를 물과 함께 넣고 끓이는 방법을 이용한 추출 방식은 무엇인가?

① 사이펀　② 모카 포트
③ 커피메이커　④ 터키식 커피
⑤ 프렌치프레스

41. 초기의 커피 문화에 대한 설명으로 옳지 않은 것은?

① 일반인들은 의학적으로 음용하였다.
② 커피는 부자들이 향유하는 비싼 음료였다.
③ 커피는 캐러밴에 의해서 멀리 보급되었다.
④ 이슬람 사원에서는 졸음 예방을 위해 음용하였다.
⑤ 수도승들이 일반인들에게 재배를 적극적으로 권유하였다.

42. 아프리카 커피에 속하지 않는 것은?

① Kenya AA
② Ethiopia Harrar
③ Java Estate Jampir
④ Zimbabwe Chipinga
⑤ Tanzanian Peaberry

43. 에스프레소 추출 시 추출속도를 결정하는 데 가장 크게 작용하는 요인을 고르면?

① 누르는 힘의 강도
② 사용하는 커피의 양
③ 커피의 로스팅 정도
④ 커피 분쇄입자의 크기
⑤ 그라인더 칼날의 종류

44. 균형잡힌 맛과 향을 가진 에스프레소 커피를 추출하기 위한 필수조건에 해당하지 않는 것은?

① 적절한 분쇄입도
② 적당한 커피 사용량
③ 적절한 태핑(Tapping)
④ 수평을 맞춘 탬핑(Tamping)
⑤ 전체적으로 고른 도장(Dosing)

45. 우유 스티밍(Steaming)에 대한 설명으로 옳지 않은 것은?

① 우유 스티밍용 피처는 클수록 좋다.
② 온도는 65℃ 정도로 마무리한다.
③ 공기주입과 회전을 적절하게 활용한다.
④ 스팀피처는 차가운 상태로 보관하고 사용한다.
⑤ 메뉴를 만들기에 필요한 만큼의 우유를 사용한다.

46. 다음 각 나라 커피 메뉴 중에서 재료의 성격이 다른 하나는 무엇인가?

① Milk Coffee　② Caffe Latte
③ Kaffe Mocha　④ Cafe au Lait
⑤ Milk Kaffee

정답 [라형] 39. ② 40. ④ 41. ⑤ 42. ③ 43. ④ 44. ③ 45 ① 46. ③

47. 스팀과 스팀 노즐의 사용에 대한 설명으로 옳지 않은 것은?

① 스팀 완드에 묻는 우유는 빠르게 굳어진다.
② 스팀과 응축수가 분사되므로 마른 행주를 사용한다.
③ 스티밍 후 바로 닦지 않으면 우유가 바닥에 떨어질 수 있다.
④ 스팀 전용 행주로 스팀 완드를 감싸고 우유 잔여물을 제거한다.
⑤ 사용 전 스팀 배출로 스팀 완드 내부의 응축수를 제거한다.

48. 에스프레소 커피 추출에 대한 설명으로 옳은 것은?

① 분쇄커피입자가 클수록 싱거운 맛이 난다.
② 추출수의 압력이 낮으면 커피의 신맛이 강조된다.
③ 크레마 양은 시간에 상관없이 일정하게 추출된다.
④ 추출수의 온도가 높으면 떫고 자극적인 맛이 난다.
⑤ 물과 접촉시간이 짧으면 강한 쓴맛이 난다.

49. 좋은 크레마를 형성하는 구성요인으로 옳지 않은 것은?

① 농도가 짙다.
② 부드럽고 균일하다.
③ 밀도가 크다.
④ 가운데 갈라짐이 크다.
⑤ 점성이 있다.

50. 다음 중 추출한 에스프레소 커피 성분이 너무 많이 추출(Over Extraction)된 현상으로 판단되는 것은?

① 짧게 추출되었다.
② 맛과 향이 부족하다.
③ 싱겁고 촉감이 약하다.
④ 커피 퍽에 줄무늬 자국이 발생했다.
⑤ 크레마 색상이 어둡고 얼룩이 있다.

51. 에스프레소 커피 추출 후 포터필터에 남아있는 커피찌꺼기 표면에 흠이 생겼다면 그 원인에 해당하는 것이 아닌 것은?

① 긴 추출시간
② 탬퍼의 청소 불량
③ 그룹헤드 청소 불량
④ 고르게 담겨지지 않은 커피
⑤ 헤드필터의 손상 또는 막힘

52. When was the Espresso coffee machine created for the first time?

① 1886　② 1901
③ 1910　④ 1921
⑤ 1930

53. HACCP이 추구하는 최고의 목적으로 올바른 것만을 〈보기〉에서 모두 고른 것은?

(가) 식품의 품질(Quality) (나) 식품의 안정성(Safety) (다) 식품의 홍보성(Marketing) (라) 식품의 건전성(Wholesomeness)

① (라)　② (가), (다)
③ (가), (나), (다)　④ (가), (나), (라)
⑤ (가), (나), (다), (라)

정답 [라형] 47. ③ 48. ① 49. ④ 50. ⑤ 51. ① 52. ② 53. ④

54. 좋은 카푸치노 커피의 조건에 해당하는 것이 아닌 것은?

① 마시기 적당한 온도여야 한다.
② 시나몬 파우더가 들어가야 한다.
③ 거품이 곱고 윤기나며 밀도가 높아야 한다.
④ 거품과 크레마가 뚜렷한 색상 대비가 있어야 한다.
⑤ 거품, 우유, 에스프레소의 맛이 조화를 이루어야 한다.

55 커피콩의 구성 성분 중 로스팅 후에도 변화하지 않는 것만을 〈보기〉에서 모두 고른 것은?

(가) 화분	(나) 팩틴
(다) 카페인	(라) 셀룰로오스

① (라) ② (가), (다)
③ (나), (라) ④ (가), (나), (다)
⑤ (가), (나), (다), (라)

56. 커피 관련 용어 중 그 뜻이 잘못된 것은?

① Freddo – Hot
② Lungo – Long
③ Doppio – Double
④ Ristretto – Limit
⑤ Espresso – Express

57. 좋은 품질의 커피 로스팅을 위한 조건들 중 맛과 향에 영향이 비교적 적은 것은?

① 드럼 종류 ② 열량 공급
③ 빠른 냉각 ④ 로스팅 시간
⑤ 로스팅 정도

58. 고객에게 커피를 서비스 하는 방법에 대한 설명으로 옳지 않은 것은?

① 고객의 오른쪽에서 서비스한다.
② 가능하면 시계방향으로 서비스한다.
③ 여성이나 연장자에게 먼저 서비스한다.
④ 직원은 항상 미소를 띠고 밝은 표정으로 서비스한다.
⑤ 흘러넘치거나 잘 넘어지지 않는 안정적인 메뉴부터 서비스한다.

59. 커피를 Blending하는 시기로 올바른 것만을 〈보기〉에서 모두 고른 것은?

(가) 로스팅 전	(나) 건조과정
(다) 로스팅 후	(라) 가공과정

① (라) ② (가), (다)
③ (나), (라) ④ (가), (나), (다)
⑤ (가), (나), (다), (라)

60. 식기류의 소독 조건이 올바른 것만을 〈보기〉 에서 모두 고른 것은?

(가) 80℃의 열풍에 30분 이상 처리
(나) 100℃의 증기에 15분 이상 처리
(다) 차아염소나트륨의 0.3~0.5% 용액에 10분간 처리
(라) 100℃의 물에 완전히 잠기도록 하여 3분 이상 처리

① (라) ② (가), (다)
③ (나), (라) ④ (가), (나), (다)
⑤ (가), (나), (다), (라)

정답 [라형] 54. ② 55. ⑤ 56. ① 57. ① 58. ⑤ 59. ② 60. ⑤

마형 커피조리사 2급

1. 블렌딩에 관련된 설명으로 옳지 않은 것은?

① 브라질 커피는 균형 잡힌 맛과 향을 가지고 있다.
② 자연 건조 가공 커피는 더 많은 크레마를 형성시킨다.
③ 로부스타 커피는 크레마가 적게 추출되지만 특별한 맛을 낸다.
④ 세척 건조 방법을 사용한 중앙아메리카 커피는 더 좋은 향이 나게 한다.
⑤ 콜롬비아 커피를 베이스로 한 커피는 강한 신맛과 단맛을 내지만 크레마가 적다.

2. 볶은 커피의 맛과 향이 변질되는 요인으로 옳지 않은 것은?

① 햇빛 ② 수분
③ 온도 ④ 산소
⑤ 이산화탄소

3. 우유를 스티밍하기 전에 스팀을 분사하는 이유로 옳은 것만을 〈보기〉에서 모두 고른 것은?

(가) 에어 배출
(나) 응축수 제거
(다) 온도 유지
(라) 축적된 유지방 제거

① (라) ② (가), (다)
③ (나), (라) ④ (가), (나), (다)
⑤ (가), (나), (다), (라)

4. 커피나무에 대한 설명으로 옳지 않은 것은?

① 다년생 외떡잎식물로 꼭두서니과이다.
② 고온다습한 열대 및 아열대 지역에서 잘 자란다.
③ 아라비카 종은 로부스타 종보다 고온에 약하다.
④ 최적의 강수량은 로부스타 종이 아라비카 종보다 많다.
⑤ 약 3~12m 크기로 성장하지만 경작을 위해 약 3~5m로 관리한다.

5. 커피 추출 시 추출방식에 맞는 적절한 분쇄 굵기가 필요하다. 다음 중 가장 가늘게 분쇄하여야 하는 추출방식에 해당하는 것은?

① 사이폰 ② 드립
③ 에스프레소머신 ④ 커피메이커
⑤ 프렌치프레스

6. 건조가 잘 이루어지지 않았거나 보관 중에 습도가 높아져 곰팡이가 발생한 커피콩은?

① White Bean ② Spotted Bean
③ Mouldy Bean ④ Quaker Bean
⑤ Immature Bean

7. 에스프레소 커피에 대한 설명으로 옳지 않은 것은?

① 커피의 추출시간이 짧다.
② 리놀레산이 충분히 추출된다.
③ 카페인 양이 충분히 추출된다.
④ 밑이 좁고 깊이가 높은 잔이 좋다.
⑤ 크레마가 형성되어 산화를 억제시킨다.

정답 [마형] 1. ③ 2. ⑤ 3. ⑤ 4. ① 5. ③ 6. ③ 7. ③

8. 한 잔의 에스프레소 커피를 추출하는 데 45초 이상 걸리는 문제를 해결하기 위한 방법은?

① 추출온도를 조금 더 높인다.
② 추출 압력을 조금 더 낮춘다.
③ 탬핑을 조금 더 강하게 한다.
④ 커피입자를 조금 더 굵게 조정한다.
⑤ 사용하는 커피의 양을 조금 더 늘린다.

9. 볶은 커피를 가장 오래 보관할 수 있는 포장 방법은?

① 진공 포장 ② 타이봉투 포장
③ 밸브봉투 포장 ④ 지퍼봉투 포장
⑤ 질소충전 포장

10. Which of the following is the correct explanation for caffé Doppio?

> (가) Double espresso coffee.
> (나) Extraction time between 20~30 seconds.
> (다) Extraction volume between 50~70mL.
> (라) Crema is of a gold color.

① (라) ② (가), (나)
③ (나), (라) ④ (가), (나), (다)
⑤ (가), (나), (다), (라)

11. 다양한 아라비카 커피나무가 개발되어 재배되고 있는 Hararghe, Sidamo, Wollega 지역이 분포되어 있는 국가는?

① 하와이 ② 브라질
③ 콜롬비아 ④ 탄자니아
⑤ 에티오피아

12. 매장에서 에스프레소 커피기계의 유지관리를 위해 매일 체크해야 하는 사항에 해당하지 않는 것은?

① 개스킷 체크 ② 헤드필터 청결
③ 스팀 완드 청결 ④ 추출 압력 체크
⑤ 보일러 압력 체크

13. 커피에서 일종의 쓴맛을 내는 성분이 아닌 것은?

① 퀴닉산 ② 카페인
③ 글루코스 ④ 트리고넬린
⑤ 클로로겐산

14. 포터필터에 대한 설명으로 옳지 않은 것은?

① 필터바스켓과 스파우트는 1잔용과 2잔용이 있다.
② 분쇄된 커피를 담아 그룹헤드에 장착시키는 기구이다.
③ 필터홀더, 필터바스켓, 스파우트 등으로 구성되어 있다.
④ 청결과 보온을 유지하기 위해 항상 머신 위에 보관한다.
⑤ 더블 포터필터바스켓에 들어가는 분쇄커피의 양은 약 14~18g이다.

15. Which coffee does not belong to Africa?

① Kenya AA
② Ethiopia Harrar
③ Java Estate Jampit
④ Zimbabwe Chipinga
⑤ Tanzanian Peaberry

정답 [마형] 8. ④ 9. ⑤ 10. ⑤ 11. ⑤ 12. ① 13. ③ 14. ④ 15. ③

16. 휘발성 유기산 중에서 자극적인 맛과 쓴 맛을 내는 성분은?

① Pyrrole　② Acetone
③ Pyridine　④ Furfura
⑤ 2-Methyl Furan

17. 다음 내용은 무엇에 관한 설명인가?

> 그린 커피 빈에 200~250℃의 열을 가해 볶음으로써 세포조직에서 물리적, 화학적인 변화를 일으켜 그린 커피 빈 상태로는 나타나지 않는 커피 고유의 맛과 향을 생성시키며 마시는 커피로 만드는 과정이다.

① Drying　② Cooling
③ Cupping　④ Blending
⑤ Roasting

18. 일반적인 추출커피에서 무기질 함량이 가장 높은 것은?

① 인　② 철
③ 칼슘　④ 칼륨
⑤ 나트륨

19. 카푸치노 커피를 만드는 과정에서 우유와 접촉하는 커피기계 부품의 명칭은?

① 스팀 완드　② 그룹헤드
③ 드레인 박스　④ 포터필터 박스
⑤ 워터펌프라인

20. 다음 커피 메뉴 중에서 위스키(Whiskey)가 첨가된 대표적 메뉴는?

① 카페 로얄(Café Royale)
② 아이리쉬 커피(Irish Coffee)
③ 깔루아 커피(Kahlua Coffee)
④ 블랙 러시안(Black Russian)
⑤ 카페 꼬레또(Caffè Corretto)

21. 포터필터와 그룹헤드 사이의 간격을 차단하여 추출 시 고온 고압의 물이 새지 않도록 하는 것은?

① 헤드 개스킷(Head Gasket)
② 필터홀더(Filter Holder)
③ 샤워홀더(Shower Holder)
④ 플로 미터(Flower Meter)
⑤ 솔레노이드 밸브(Solenoid Valve)

22. 뜨거운 태양열, 차가운 공기 그리고 서리로부터 커피나무를 보호하기 위한 방법만을 〈보기〉에서 모두 고른 것은?

> ㈎ 그늘에 식재한다.
> ㈏ 경사면에 식재한다.
> ㈐ 넓은 평원에 식재한다.
> ㈑ 키 작은 나무들 사이에 식재한다.

① ㈑　② ㈎, ㈏
③ ㈏, ㈑　④ ㈎, ㈏, ㈐
⑤ ㈎, ㈏, ㈐, ㈑

정답 [마형] 16. ③ 17. ⑤ 18. ④ 19. ① 20. ② 21. ① 22. ②

23. 곰팡이와 박테리아가 번식하고 있는 그린 커피 빈에서 예상되는 수분 함량은?

① 3% 이상 ② 5% 이상
③ 7% 이상 ④ 9% 이상
⑤ 12% 이상

24. 커피 추출 시 나오는 성분이 아닌 것은?

① 당 성분 ② 산 성분
③ 탄화수소 ④ 가용성 성분
⑤ 불용성 오일 성분

25. 커피 속에 함유된 카페인이 인체에 미치는 주된 영향이 아닌 것은?

① 산화작용 ② 강심작용
③ 이뇨작용 ④ 흥분작용
⑤ 각성작용

26. 커피를 수확하는 방법에 대한 설명으로 옳은 것은?

① 피킹(Picking)은 상대적으로 대량수확이 가능하다.
② 메커니컬(Mechanical)은 여러 번에 걸쳐 수확한다.
③ 스트리핑(Stripping)은 상대적으로 품질이 균일하다.
④ 스트리핑(Stripping)은 상대적으로 선별수확이 유리하다.
⑤ 피킹(Picking)은 비교적 노동력과 인건비가 많이 든다.

27. 탬핑(Tamping)의 가장 중요한 목적에 해당하는 것은?

① 풍부한 크레마의 발생을 위해
② 진한 커피 맛과 향의 추출을 위해
③ 정량의 분쇄커피를 채우기 위해
④ 물과의 접촉 표면적을 늘리기 위해
⑤ 고른 밀도에 의한 균일한 추출을 위해

28. 커피에 첨가되는 우유에 대한 설명으로 옳지 않은 것은?

① 커피의 맛을 전체적으로 부드럽게 해 준다.
② 우유를 넣음으로써 칼슘 흡수에 도움을 준다.
③ 우유를 활용하여 시각적인 다양함을 줄 수 있다.
④ 우유 스티밍에 영향을 주는 성분은 단백질과 지방이다.
⑤ 우유에 함유된 카제인 때문에 소화가 잘 되지 않는다.

29. Which is not Arabica species?

① Typica ② Kouilou
③ Caturra ④ Bourbon
⑤ Mundo novo

정답 [마형] 23. ⑤ 24. ③ 25. ① 26. ⑤ 27. ⑤ 28. ⑤ 29. ②

30. 그린 빈 선별과정에서 결점 분류에 대한 설명으로 옳지 않은 것은?

① 돌, 나뭇가지 등은 결점에 속하지 않는다.
② 부서지거나 조개 같은 모양은 결점에 속한다.
③ 검은색, 갈색, 흰색, 불규칙한 색깔은 결점에 속한다.
④ 벌레가 먹거나 발효된 것은 부정적 맛과 향으로 결점이다.
⑤ 로스팅 중 맛과 향에 악영향을 미칠 수 있는 것은 결점이다.

31. 수세 가공 커피(Washed Coffee)의 가공 순서로 옳은 것은?

① 과육제거 → 발효 → 세척 → 탈곡 → 건조
② 과육제거 → 발효 → 세척 → 건조 → 탈곡
③ 과육제거 → 발효 → 건조 → 세척 → 탈곡
④ 과육제거 → 탈곡 → 건조 → 발효 → 세척
⑤ 과육제거 → 세척 → 발효 → 건조 → 탈곡

32. 커피의 명칭에 대한 설명으로 옳은 것은?

① Whole Bean – 커피 열매
② Coffee Bean – 세척 건조법을 거친 커피
③ Ground Coffee – 분쇄된 볶은 커피
④ Brew Coffee – 로스팅이 완료된 커피
⑤ Roasted Bean – 정제과정이 완료된 커피

33. 다음 각 나라의 커피 메뉴 중에서 성격이 다른 하나는 무엇인가?

① Caffè Latte ② Milch Kaffee
③ Milk Coffee ④ Café Au Lait
⑤ Kaffe Kapuziner

34. 다음 중 커피 로스팅 과정의 단계에 해당하는 것만을 〈보기〉에서 모두 고른 것은?

(가) Dry	(나) Cooling
(다) Pyrolysis	(라) Packing

① (가), (나), (다) ② (가), (다), (라)
③ (나), (다), (라) ④ (가), (나), (라)
⑤ (가), (나), (다), (라)

35. 에스프레소 그라인더를 구성하는 각 명칭과 역할에 대한 연결이 옳지 않은 것은?

① 호퍼(Hooper) : 통 커피를 보관하는 통
② 도저(Doser) : 분쇄된 커피가 담기는 통
③ 입자조절판 : 분쇄입자의 크기 조절장치
④ 칼날(Burr) : 커피를 절삭(Cutting)하는 하나의 날로 구성
⑤ 도징 레버(Dosing lever) : 분쇄된 커피를 공급하는 장치

36. 에스프레소 머신의 작동 조건으로 옳은 것은?

① 물은 경수를 사용한다.
② 스팀압력은 9bar 이하로 유지한다.
③ 추출압력은 1.4bar 이하로 유지한다.
④ 1mm 정도의 크기로 분쇄한 커피를 사용한다.
⑤ 물의 온도는 볶음 정도에 따라 88~96℃로 유지한다.

정답 [마형] 30. ① 31. ② 32. ③ 33. ⑤ 34. ① 35. ④ 36. ⑤

37. 에스프레소 커피기계의 부품 중 자석 성질의 휠이 회전하여 물의 유입량을 계량하는 것은?

① Steam Meter
② Boiler Steam Meter
③ Flow Meter
④ Group Valve Meter
⑤ Water Pressure Meter

38. 스팀과 스팀 노즐에 대한 설명으로 옳지 않은 것은?

① 스팀 배출로 스팀 완드 내부의 응축수를 제거할 수 있다.
② 스티밍 시 스팀이 배출되기 때문에 우유가 노즐로 빨려 들어가는 경우는 있을 수 없다.
③ 스팀 완드에 묻은 우유는 빠르게 굳어질 수 있다.
④ 스티밍 후 바로 닦지 않으면 우유가 바닥에 떨어질 수 있다.
⑤ 젖은 행주로 스팀 완드를 감싸고 우유 잔여물을 제거한다.

39. 전원을 차단하고 A/S를 요청해야 하는 보일러 압력은?

① 0.5bar 이상　② 1.0bar 이상
③ 1.5bar 이상　④ 1.8bar 이상
⑤ 2.0bar 이상

40. 커피 분쇄(Grinding)에 대한 설명으로 옳지 않은 것은?

① 분쇄입자의 크기는 추출방식에 따라 달라진다.
② 미분이 많을수록 추출을 위한 충분한 접촉시간을 얻을 수 있다.
③ 볶은 커피콩의 종류 및 볶은 정도에 따라 분쇄입도가 달라질 수 있다.
④ 적절한 분쇄는 양질의 커피를 추출하기 위해서 반드시 필요한 과정이다.
⑤ 물과 접촉하는 면적을 늘려 커피의 유용물질을 쉽게 추출하기 위함이다.

41. 커피조리사의 주된 업무와 가장 거리가 먼 것은?

① 새로운 메뉴 개발
② 식재료의 재고관리
③ 커피머신의 유지관리
④ 그린 빈 구입과 로스팅
⑤ 품질 높은 에스프레소 추출

42. 저온 장시간 로스팅에 비해 고온 단시간 로스팅의 특징에 대한 설명으로 옳은 것은?

① 콩의 크기와 밀도가 작아진다.
② 콩의 크기와 밀도가 커진다.
③ 가용성 성분의 추출이 더 용이하다.
④ 가용성 성분의 추출이 더 불리하다.
⑤ 동일한 볶음 정도에서는 크기, 밀도, 추출 성분이 동일하다.

정답 [마형] 37. ③ 38. ② 39. ③ 40. ② 41. ④ 42. ③

43. 다음 중 좋지 않은 맛과 향을 가져오는 커피콩에 해당하지 않는 것은?

① 과발효된 커피콩
② 미성숙 블랙 커피콩
③ 크기가 작은 커피콩
④ 곰팡이가 생긴 커피콩
⑤ 벌레구멍이 생긴 커피콩

44. 에스프레소 커피 추출에 대한 설명으로 옳지 않은 것은?

① 추출량 25~35mL
② 분쇄커피 7~8g
③ 추출시간 20~30초
④ 추출수 온도 88~96℃
⑤ 추출수 압력 1.0~1.2 bar

45. 에스프레소 커피의 크레마를 신속하게 평가해야 하는 요인이 아닌 것은?

① 색　② 농도
③ 밀도　④ 온도
⑤ 지속성

46. 커피나무 재배 지역인 커피존(Coffee Zone)의 범위는?

① 적도 부근
② 북위 25° ~ 남위 25°
③ 북위 30° ~ 남위 20°
④ 북위 28° ~ 남위 10°
⑤ 북위 20° ~ 남위 23.5°

47. 껍질로부터 분리된 커피콩의 등급을 분류하는 방법에 해당하는 것만을 〈보기〉에서 모두 고른 것은?

> (가) 크기에 따라
> (나) 수확 시기에 따라
> (다) 결점 콩 개수에 따라
> (라) 생산지 고도에 따라

① (라)　② (가), (다)
③ (나), (라)　④ (가), (나), (다)
⑤ (가), (나), (다), (라)

48. 커피가 포터필터 옆으로 새어나오는 현상의 원인으로 적합하지 않은 것은?

① 필터바스켓이 막혔다.
② 추출수압이 너무 약하다.
③ 너무 많은 양의 커피가 담겼다.
④ 그룹헤드 가스켓이 마모되었다.
⑤ 포터필터가 그룹헤드에 덜 잠겼다.

49. What is the optimal indoor temperature for restaurant or cafe?

① 12~14℃　② 14~16℃
③ 16~18℃　④ 18~20℃
⑤ 20~22℃

50. 신맛과 과일향을 얻기 위해서 첨가되어야 할 커피는?

① 아프리카 커피
② 남아메리카 커피
③ 중앙아메리카 커피
④ 아라비카 마일드 커피
⑤ 아라비카 브라질 커피

정답 [마형] 43. ③ 44. ⑤ 45. ④ 46. ② 47. ⑤ 48. ② 49. ⑤ 50. ①

51. 건기와 커피나무에 관련된 설명으로 옳지 않은 것은?

① 수분의 증발량이 높다.
② 커피나무를 그늘에 심는다.
③ 커피나무를 경사 지역에 심는다.
④ 그늘에서 자란 나무는 수확량을 증대시킨다.
⑤ 줄기가 크고 잎이 넓은 나무로 그늘을 만들어 준다.

52. 커피의 생산지와 명칭의 연결이 옳은 것은?

① 브라질 – Santos
② 콜롬비아 – Harrar
③ 인도네시아 – Mattari
④ 자메이카 – Kilimanjaro
⑤ 에티오피아 – Tandheling

53. 볶은 커피의 산화에 대한 설명으로 옳지 않은 것은?

① 냉장 온도에서는 산화가 진행되지 않는다.
② 개봉 후는 빠르게 향기가 휘발하고 산화된다.
③ 볶은 커피보다 분쇄커피가 훨씬 빨리 나타난다.
④ 가장 중요한 요인은 산소와 수분, 온도, 빛 등이다.
⑤ 불포화지방산은 커피 안의 미세기공으로 유입되는 산소와 반응하여 산화한다.

54. 초록색의 커피콩을 가열하면 갈색으로 변화하는 이유만을 〈보기〉에서 모두 고른 것은?

(가) 당질화 작용	(나) 메일라드 작용
(다) 캐러멜화 작용	(라) 스트레커 작용

① (라)　　② (가), (다)
③ (나), (다), (라)　　④ (가), (나), (다)
⑤ (가), (나), (다), (라)

55. 한 잔의 맛있는 커피를 위하여 지켜야 할 사항으로 가장 거리가 먼 것은?

① 항상 신선한 커피를 사용한다.
② 추출 기구는 항상 청결하게 유지한다.
③ 깨끗하고 알맞은 온도의 물을 사용한다.
④ 행주는 각 용도에 맞게 구분하여 사용한다.
⑤ 신속한 추출을 위해 커피는 미리 분쇄해 두고 사용한다.

56. 카페인의 일반적인 특징으로 옳은 것만을 〈보기〉에서 모두 고른 것은?

(가) 무색
(나) 무취
(다) 쓴맛
(라) 60℃ 이상에서 녹는다.

① (라)　　② (가), (다)
③ (나), (라)　　④ (가), (나), (다)
⑤ (가), (나), (다), (라)

정답 [마형] 51. ④ 52. ① 53. ① 54. ④ 55. ⑤ 56. ④

57. 커피 추출 시스템에서 연수기를 사용하는 이유로 옳지 않은 것은?

① 무기이온을 줄여주기 위해서
② 경도지수를 낮추기 위해서
③ 물의 탁도를 높여주기 위해서
④ 머신의 성능 유지를 위해서
⑤ 커피 맛을 좋게 하기 위해서

58. 포터필터 청결을 위하여 사용할 수 있는 것만을 〈보기〉에서 모두 고른 것은?

(가) 온수	(나) 손가락
(다) 행주	(라) 화장지

① (라)
② (가), (다)
③ (나), (라)
④ (가), (나), (다)
⑤ (가), (나), (다), (라)

59. 다음 커피 메뉴 중에서 양이 가장 적은 메뉴는 무엇인가?

① 카페 라떼
② 카페 모카
③ 카페 에스프레소
④ 카페 콘파냐
⑤ 카페 마끼아또

60. 카페 룽고에 대한 설명으로 옳지 않은 것은?

① 추출시간이 길다.
② 진한 맛이 특징이다.
③ 쓴맛 등 많은 맛이 난다.
④ 추출량은 35mL 이상이다.
⑤ 크레마 색은 에스프레소 커피보다 연한 갈색이다.

정답 [마형] 57. ③ 58. ② 59. ③ 60. ②

바형 커피조리사 2급

1. 각국의 커피 전파와 관련된 설명으로 옳지 않은 것은?

① 프랑스는 카리브 해 지역에 커피를 전파시켰다.
② 네덜란드는 실론과 자바에서 커피를 처음 경작하였다.
③ 이탈리아에는 베니스의 무역상들에 의해 처음 소개되었다.
④ 미국은 보스톤 차 사건 이후 커피를 많이 마시게 되었다.
⑤ 독일은 게오르그 콜쉬츠가 비엔나에 최초의 카페를 오픈하였다.

2. 커피의 3대 원종에 대한 식물학적인 설명으로 옳지 않은 것은?

① 아라비카 종보다 로부스타 종의 뿌리가 더 깊다.
② 아라비카 종의 나뭇가지들은 아래로 처진 형태이다.
③ 꽃은 흰색이며 재스민 향이 나고 꽃잎은 모두 5장이다.
④ 다년생 쌍떡잎식물이며 꼭두서니과 코페아속에 속한다.
⑤ 아라비카 종의 주요 품종은 티피카, 버번, 카투라 등이다.

3. 로부스타 커피와 비교하여 아라비카 커피의 특징에 대한 설명으로 옳지 않은 것은?

① 고지대에서 잘 자란다.
② 많은 비를 필요로 한다.
③ 고온 및 병충해에 약하다.
④ 맛과 향이 우수하고 신맛이 좋다.
⑤ 주요 생산국은 브라질과 콜롬비아이다.

4. 커피체리의 각 부분별 명칭에 대한 설명으로 옳은 것은?

① 외과피 – 씨앗 부분
② 파치먼트 – 맨 바깥의 겉껍질
③ 펄프 – 단맛이 나는 과육 부분
④ 센터컷 – 씨앗에 부착된 얇은 막
⑤ 실버스킨 – 생콩을 감싸고 있는 껍질

5. 세척 건조 가공의 발효단계에서 일반적으로 커피콩이 도달하는 최고 온도는?

① 20℃ ② 30℃
③ 40℃ ④ 50℃
⑤ 60℃

6. 커피 맛과 향에 대한 용어의 설명으로 옳지 않은 것은?

① Rioy : 잡초 같은 냄새
② Woody : 나무 같은 맛
③ Earthy : 흙과 비슷한 맛
④ Nutty : 너트와 비슷한 향
⑤ Rubbery : 고무 같은 냄새

정답 [바형] 1. ⑤ 2. ① 3. ② 4. ③ 5. ③ 6. ①

7. 커피의 신맛에 대한 설명으로 옳지 않은 것은?

① Sourness는 불쾌하게 느껴지는 결점이 있다.
② Acidy는 아라비카 커피의 좋은 품질 특성이다.
③ 커피의 유기산은 구연산, 사과산, 젖산 등이 있다.
④ 추출커피의 신맛은 볶음정도나 추출 방법에 따라 달라진다.
⑤ Chlorogenic Acid는 아라비카 종에 더 많고 Quinic Acid로 분해된다.

8. 인스턴트커피에 대한 설명으로 옳지 않은 것은?

① 주요 소비국은 영국, 일본, 한국 등이다.
② 가용성 커피(Soluble Coffee)라고도 한다.
③ 추출수율이 10~20% 정도로 낮은 편이다.
④ 제조과정에서 맛과 향을 거의 잃는다.
⑤ 볶은 커피를 물로 추출하여 건조한 것이다.

9. 다음의 추출기구를 이용하여 추출한 커피의 온도가 가장 낮은 것은?

① 드립　② 이브릭
③ 사이폰　④ 더치커피
⑤ 에스프레소머신

10. 더블 포터필터바스켓에 들어가는 분쇄커피의 적정량은?

① 7~9g　② 10~12g
③ 12~13g　④ 14~16g
⑤ 20~22g

11. 너무 늦게 수확되거나 수확한 후 흙과 접촉하여 발효된 결점콩의 명칭에 해당하는 것은?

① Shell　② Floater
③ Black Bean　④ Insect Damage
⑤ Withered Bean

12. 국제커피기구(ICO)의 기준에 따른 커피의 4가지 품질그룹에 해당하지 않는 것은?

① Libericas
② Robustas
③ Brazilian Naturals
④ Other Mild Arabicas
⑤ Colombian Mild Arabicas

13. Which one of the below is much different in volume from the others?

① 2 oz　② 30 mL
③ 60 cc　④ 2 shot
⑤ doppio

정답 [바형] 7. ⑤　8. ③　9. ④　10. ④　11. ③　12. ①　13. ②

14. 그룹헤드의 청소에 대한 설명으로 옳지 않은 것은?

① 포터필터에 블라인더필터를 장착한다.
② 그룹헤드를 역류한 물은 보일러실로 유입된다.
③ 전용세제는 포터필터의 블라인더필터에 넣는다.
④ 연속추출버튼을 작동하여 5~10초 후에 멈춤을 반복한다.
⑤ 청소한 물은 솔레노이드 밸브를 통과하여 드레인 박스로 흐른다.

15. 다음 중 커피 이름과 생산지가 올바르게 연결된 것은?

① 과테말라 – 만델링
② 케냐 – 킬리만자로
③ 콜롬비아 – 산토스
④ 에티오피아 – 시다모
⑤ 코스타리카 – 안티구아

16. 다음 내용은 무엇에 관한 설명인가?

> 그린 커피 빈을 볶은 후 커피콩이 내부에서 지속적으로 열을 가지고 있으므로 화학반응을 멈추기 위해 행해지는 과정이다.

① Drying ② Cooling
③ Cupping ④ Blending
⑤ Roasting

17. 로스팅 과정에서 커피콩에 발생하는 물리적 변화로 옳지 않은 것은?

① 부피 증가 ② 수분 감소
③ 밀도 증가 ④ 탄력성 감소
⑤ 미세 구멍 증가

18. 커피 추출기구 중에서 에스프레소 커피기계와 유사한 추출방식으로 가정용 에스프레소 커피 추출기구로 사용되는 것은?

① 드립 ② 사이폰
③ 이브릭 ④ 모카 포트
⑤ 프렌치프레스

19. 커피 로스팅 시 발생하는 열전달 방식에 해당하는 것만을 〈보기〉에서 모두 고른 것은?

> (가) 전도 (나) 대류 (다) 복사 (라) 기화

① (라) ② (가), (다)
③ (나), (라) ④ (가), (나), (다)
⑤ (가), (나), (다), (라)

20. 로스팅 시 중간(Medium)단계에 대한 설명으로 옳은 것은?

① 신맛과 쓴맛의 균형이 이루어진다.
② 밝은 갈색이며 곡물과 풀냄새가 난다.
③ 부피가 증가하고 풍미와 향기가 약하다.
④ 진한 갈색이며 쓴맛이 증가하고 향이 감소한다.
⑤ 신맛이 두드러지고 커피콩에 따른 개성이 뚜렷하다.

정답 [바형] 14. ② 15. ④ 16. ② 17. ③ 18. ④ 19. ④ 20. ①

21. 커피체리(Coffee Cherry)에 관한 설명으로 옳지 않은 것은?

① 체리 안에는 일반적으로 2개의 씨앗이 들어있다.
② 자연 건조 가공 방법으로 건조된 체리를 Whole Bean이라 한다.
③ 체리는 익어감에 따라 초록색에서 노란색이나 빨간색으로 변해간다.
④ 고령의 나무에서 생산되는 씨앗이 하나만 들어있는 경우를 피베리(Peaberry)라고 한다.
⑤ 체리는 바깥쪽에서부터 외과피– 과육 – 파치먼트 – 실버스킨 – 그린 커피 빈으로 구성되어 있다.

22. 매장 내 식재료의 보관 및 저장에 대한 설명으로 옳지 않은 것은?

① 실온 저장은 15~25℃를 유지한다.
② 식품별로 분류 보관하여 교차오염을 예방한다.
③ 곰팡이 번식방지를 위해 직사광선에 노출시킨다.
④ 냉장고는 5℃ 이하, 냉동고는 –18℃ 이하로 유지한다.
⑤ 재료 특성에 따라 냉장, 냉동으로 분리하여 저장한다.

23. 분쇄커피가 채워진 포터필터가 커피기계와 결합되는 부분의 명칭은?

① 스팀 완드　② 그룹헤드
③ 스팀 밸브 보디　④ 워터펌프라인
⑤ 압력게이지 벨브

24. 커피 로스팅 중에 중량감소가 일어나는 성분만을 〈보기〉에서 모두 고른 것은?

(가) 수분	(나) 당
(다) 클로로겐산	(라) 트리고넬린

① (라)　② (가), (다)
③ (나), (라)　④ (가), (나), (다)
⑤ (가), (나), (다), (라)

25. 로스팅 시 휘발성 향기물질 생성에 관여하는 반응이 아닌 것은?

① 스트렉커 반응
② 메일라드 반응
③ 캐러멜화 반응
④ 트리고넬린의 분해 반응
⑤ 클로로겐산의 생성 반응

26. 볶은 커피의 산화에 대한 설명으로 옳지 않은 것은?

① 상대습도가 높을수록 더 빨리 산화된다.
② 보관온도가 높을수록 더 빨리 산화된다.
③ 분쇄된 커피는 통커피보다 산화속도가 빠르다.
④ 다크 로스트의 커피일수록 산화속도가 빠르다.
⑤ 포장 내에 산소가 미량일 때는 영향이 거의 없다.

정답 [바형] 21. ② 22. ③ 23. ② 24. ⑤ 25. ⑤ 26. ⑤

27. 바리스타의 임무에 대한 설명으로 옳지 않은 것은?

① 커피 추출과 서비스
② 알코올 음료 서비스
③ 커피머신 관리
④ Roasted Coffee Bean 관리
⑤ 좋은 Green Coffee Bean 선별

28. 로스팅 과정에서 줄 수 있는 변화 중에서 추출과 향과 맛에 영향을 미치는 직접적인 요소가 아닌 것은?

① 커피콩의 크기
② 최종 볶은 정도
③ 볶는 데 걸린 시간
④ 커피콩의 팽창 정도
⑤ 볶는 데 투입된 열량

29. When should you cut off the power and request for a service of the boiler?

① 0.5 bar above ② 1.0 bar above
③ 1.5 bar above ④ 1.8 bar above
⑤ 2.0 bar above

30. 포터필터의 분쇄커피에 전달되는 최적의 압력은?

① 1.5 bar ② 3 bar
③ 5 bar ④ 9 bar
⑤ 12 bar

31. 커피가 인체에 미치는 영향에 대한 설명으로 옳지 않은 것은?

① 체중감소 효과가 있다.
② 깊은 숙면에 들게 한다.
③ 노화방지에 효과가 있다.
④ 이뇨작용을 활발하게 한다.
⑤ 위액 분비를 촉진시켜 소화를 돕는다.

32. 커피에 함유된 성분 중에서 인체 내에서 영양학적으로 중요하나 공기 중의 산소와 쉽게 반응하여 부패를 일으키는 성분은 무엇인가?

① 카페인 ② 트리고넬린
③ 포화지방산 ④ 클로로겐산
⑤ 불포화지방산

33. 건조가 잘 되지 않았거나 보관 중에 습기가 높아져 곰팡이가 발생한 커피 빈을 무엇이라 하는가?

① White Bean ② Spotter Bean
③ Mouldy Bean ④ Quaker Bean
⑤ Immature Bean

34. 커피 로스팅 시 트리고넬린 분해과정에서 생성되는 수용성 비타민은 무엇인가?

① Niacin ② Thiamin
③ Riboflavin ④ Ascorbic Acid
⑤ Panthotheric Acid

정답 [바형] 27. ⑤ 28. ① 29. ③ 30. ④ 31. ② 32. ⑤ 33. ③ 34. ①

35. 커피를 추출하기 전에 분쇄과정을 거치는 이유로 옳지 않은 것은?

① 커피 원가의 절감을 위해
② 효율적인 추출과 서비스를 위해
③ 짧은 시간 내에 추출을 하기 위해
④ 커피 성분을 물에 쉽게 용출시키기 위해
⑤ 물과 접촉되는 표면적을 크게 하기 위해

36. 포터필터와 그룹헤드 사이의 간격을 차단하여 추출 시 고온 고압의 물이 새지 않도록 하는 것은?

① 헤드 개스킷(Head Gasket)
② 필터홀더(Filter Holder)
③ 샤워홀더 (Shower Holder)
④ 플로 미터(Flower Meter)
⑤ 솔레노이드 밸브(Solenoid Valve)

37. 커피기계의 보일러에 대한 설명으로 옳은 것은?

① 보일러의 용량이 클수록 온도 유지에 좋다.
② 보일러의 재질과 추출수 온도 유지는 상관없다.
③ 보일러의 재질은 두꺼운 플라스틱을 사용한다.
④ 보일러의 용량은 그룹헤드의 수와 반비례한다.
⑤ 보일러의 내부청소는 반드시 일주일에 한 번 정도 실시한다.

38. 로스팅된 커피콩의 수분함량은?

① 1% 이하 ② 3% 이하
③ 5% 이하 ④ 6% 이하
⑤ 7% 이하

39. 에스프레소 추출 시 적정추출압력을 유지시켜주는 부품에 해당하는 것은?

① 히터 ② 워터펌프
③ 그룹헤드 ④ 플로우 미터
⑤ 솔레노이드 밸브

40. 에스프레소를 추출하기 전 그룹헤드의 물을 흘리는 동작에 대한 설명으로 옳지 않은 것은?

① 포터필터를 청결하게 하기 위한 동작이다.
② 기계의 정상 작동 여부를 확인하는 동작이다.
③ 과열되어 있을 수 있는 추출수를 제거하기 위한 동작이다.
④ 포터필터에 커피를 담기 전 혹은 담은 후에 행하는 동작이다.
⑤ 헤드필터에 끼여 있을 수 있는 찌꺼기를 제거하기 위한 동작이다.

정답 [바형] 35. ① 36. ① 37. ① 38. ① 39. ② 40. ①

41. Green Coffee Bean의 품질결정 요소에 해당하는 것만을 〈보기〉에서 모두 고른 것은?

(가) 품종	(나) 재배환경
(다) 경작방법	(라) 가공과정

① (라) ② (가), (다)
③ (나), (라) ④ (가), (나), (다)
⑤ (가), (나), (다), (라)

42. 포터필터에 담긴 커피의 표면이 고르지 않았을 경우 나타날 수 있는 현상은?

① 고른 밀도를 갖는다.
② 커피의 성분이 고르게 추출된다.
③ 단맛과 쓴맛의 추출이 균형을 이룬다
④ 분쇄된 커피에 물이 고르게 접촉한다.
⑤ 커피를 통과하는 물길이 생겨 흐름이 빨라진다.

43. 커피의 저장성에 대한 설명으로 옳은 것은?

① 볶은 커피로서 진공 밀봉 용기에서는 약 1년이다.
② 볶은 커피로서 질소 충전 캔 용기에서는 약 1년이다.
③ 볶은 커피는 온도 약 15℃, 습도 약 40%에서 7일 이내이다.
④ 볶은 커피로서 Ball 체크 밸브가 있는 밀폐 용기는 약 1년이다.
⑤ 커피생콩은 60kg 포대 · 최대 30℃ · 상대습도 60%에서 약 6개월이다.

44. 카푸치노 커피를 만드는 데 필요한 우유 스티밍(Steaming)에 대한 설명으로 옳지 않은 것은?

① 우유 거품은 회전시켜서 밀도를 높여야 좋다.
② 스티밍을 완성한 우유의 최적온도는 65℃ 전후이다.
③ 거품의 양은 피처에 있는 우유의 양과 비슷하게 만든다.
④ 스티밍 시간이 길수록 작은 기포 알갱이가 형성되어 부드럽다.
⑤ 에스프레소 기계의 스팀을 우유 표면에 불어 넣어 거품을 만든다.

45. 완성된 에스프레소 커피 성분이 너무 적게 추출(Under Extraction)되었을 것으로 예상되는 것이 아닌 것은?

① 탬핑이 너무 강했다.
② 분쇄커피가 너무 적었다.
③ 추출속도가 너무 빨랐다.
④ 분쇄커피가 너무 굵었다.
⑤ 추출수압이 너무 높았다.

46. 에스프레소 커피의 추출시간이 길었을 때 나타나는 현상이 아닌 것은?

① 신맛이 강하다.
② 쓴맛이 다소 강하다.
③ 자극적인 향을 낸다.
④ 크레마 색이 연하다.
⑤ 좋지 못한 성분들이 우러난다.

정답 [바흥] 41. ⑤ 42. ⑤ 43. ④ 44. ④ 45. ① 46. ①

47. 올바른 커피 조리과정에 대한 설명으로 옳지 않은 것은?

① 그룹헤드를 청결하게 유지해야 커피가 맛있다.
② 물기 있는 컵은 기계 위에 올려놓아야 잘 마른다.
③ 포터필터를 사용하지 않을 때는 그룹헤드에 장착해 둔다.
④ 스팀 노즐은 사용 전후로 반드시 닦아 준다.
⑤ 행주는 용도별로 전용행주를 사용하는 것이 좋다.

48. 에스프레소 커피는 다른 추출방식으로 추출된 커피에 비해 향과 맛 성분이 농축되어 있다. 그 이유만을 〈보기〉에서 모두 고른 것은?

(가) 높은 압력 추출	(나) 미세한 분쇄
(다) 적은 양 추출	(라) 짧은 시간 추출

① (라) ② (가), (다)
③ (나), (라) ④ (가), (나), (다)
⑤ (가), (나), (다), (라)

49. 불량 커피콩(결점두)의 종류에 해당하지 않는 것은?

① 미생물에 의한 결점
② 맛과 향 품질에 의한 결점
③ 지역적 분류에 의한 결점
④ 물리적 요인에 의한 결점
⑤ 화학적 요인에 의한 결점

50. 다음 중 Demitasse에 담아내는 전통 커피 메뉴가 아닌 것은?

① Caffè Latte ② Caffè Ristretto
③ Caffè Espresso ④ Caffè Conpanna
⑤ Caffè Macchiato

51. 커피체리에 들어있는 1개와 2개의 콩을 가르키는 용어가 바르게 짝지어진 것은?

① 플랫빈 – 빈 ② 모노빈 – 피베리
③ 피베리 – 플랫빈 ④ 싱글빈 – 소이빈
⑤ 싱글빈 – 트와이스

52. 다음 커피 추출방식 중에서 가용성 성분을 가장 많이 추출할 수 있는 방법은?

① 더치 추출 ② 드립 추출
③ 이브릭 추출 ④ 사이폰 추출
⑤ 에스프레소 추출

53. 로스팅 후에 향기에 영향을 주는 주요 성분으로 커피의 산화에 영향을 미치는 성분은 무엇인가?

① 지질 ② 단백질
③ 유기산 ④ 미네랄
⑤ 탄수화물

정답 [바형] 47. ② 48. ⑤ 49. ③ 50. ① 51. ③ 52. ⑤ 53. ①

54. 워터펌프(Water Pump)의 주요 기능으로 옳지 않은 것은?

① 보일러에 물을 보충해 준다.
② 커피 추출 시 물의 압력을 유지시켜 준다.
③ 백 프레셔(Back Pressure) 기능을 수행한다.
④ 물이 공급되지 않는 상태에서는 절대 가동하지 말아야 한다.
⑤ 압력조절 밸브를 시계방향으로 돌리면 추출압력이 높아진다.

55. 바리스타의 주된 임무가 아닌 것은?

① 커피기계와 재료를 관리한다.
② 고객이 커피를 즐기도록 돕는다.
③ 좋은 그린 빈을 선별하여 볶는다.
④ 위생적인 커피 조리와 서비스를 한다.
⑤ 알코올 음료를 고객에게 서비스한다.

56. 에스프레소 커피의 추출 기준에 대한 설명으로 옳지 않은 것은?

① 커피 사용량은 7~9g
② 추출 시간은 20~30초
③ 추출 압력은 7~10 bar
④ 추출 온도는 88~96℃
⑤ 한 잔은 크레마를 빼고 약 35 mL

57. 식기류의 소독 방법으로 옳은 것만을 〈보기〉에서 모두 고른 것은?

(가) 열탕소독	(나) 증기소독
(다) 열풍소독	(라) 약품소독

① (라) ② (가), (다)
③ (나), (라) ④ (가), (나), (다)
⑤ (가), (나), (다), (라)

58. 다음 중 식재료를 보관하기에 적절한 온도에 해당하는 것은?

① 냉장고 : 2℃ 내외, 냉동고 : −20℃ 이하
② 냉장고 : 4℃ 내외, 냉동고 : −18℃ 이하
③ 냉장고 : 6℃ 내외, 냉동고 : −15℃ 이하
④ 냉장고 : 8℃ 내외, 냉동고 : −12℃ 이하
⑤ 냉장고 : 10℃ 내외, 냉동고 : −10℃ 이하

59. 식당이나 카페의 실내 최적온도에 해당하는 것은?

① 12~14℃ ② 14~16℃
③ 16~18℃ ④ 18~20℃
⑤ 20~22℃

60. 커피 생산자의 삶의 질을 개선하고 생산환경을 보호하고자 하는 지속가능한 커피(Sustainable Coffee)를 장려하기 위한 실천 방안 및 인증제도에 해당하지 않는 것은?

① Organic Coffee(유기농 커피)
② ICO Certified(국제커피기구 인증)
③ Fair Trade Certified (공정무역 인증)
④ Bird Friendly Certified (버드 프렌들리 인증)
⑤ Rainforest Alliance Certified (열대우림동맹 인증)

정답 [바형] 54. ③ 55. ③ 56. ⑤ 57. ⑤ 58. ② 59. ⑤ 60. ②

사형 커피조리사 2급

1. 에티오피아 커피에 관한 내용으로 옳지 않은 것은?

① 재배고도에 따라 등급을 구분한다.
② 아프리카에서 최대 커피 생산국이다.
③ 하라(Harrar)커피는 주로 자연 건조방식으로 생산된다.
④ 절반 이상이 해발 1,500m 이상의 고지대에서 생산된다.
⑤ 이르가체페(Yirgacheffe) 커피는 아로마와 신맛이 풍부하다.

2. 다양한 아라비카 커피나무가 개발되어 재배되고 있는 Hararghe, Sidamo, Wollega 지역이 분포한 국가는?

① 에티오피아 ② 브라질
③ 콜롬비아 ④ 하와이
⑤ 탄자니아

3. Choose one that is not espresso coffee machine.

① Automatic
② Full-automatic
③ Manual Machine
④ Semi-automatic
⑤ Smart Automatic

4. 고산지대에서 자라는 커피의 특징이 아닌 것은?

① 신맛이 더 좋아진다.
② 열매가 빨리 성숙된다.
③ 맛과 향이 더 풍부하다.
④ 보다 더 진한 청록색을 띤다.
⑤ 조직이 더 단단하고 밀도가 높다.

5. 뜨거운 태양열, 차가운 공기 그리고 서리로부터 커피나무를 보호하기 위한 방법만을 〈보기〉에서 모두 고른 것은?

> (가) 그늘에 식재한다.
> (나) 경사면에 식재한다.
> (다) 넓은 평원에 식재한다.
> (라) 키 작은 나무들 사이에 식재한다.

① (라) ② (가), (나)
③ (나), (라) ④ (가), (나), (다)
⑤ (가), (나), (다), (라)

6. 다음 중 베리에이션 메뉴(Variation Menu)에 해당하지 않는 것은?

① 카페 모카 ② 카페 라떼
③ 카페 마끼야또 ④ 카페 리스트레또
⑤ 카페 카푸치노 프레도

정답 [사형] 1. ① 2. ① 3. ⑤ 4. ② 5. ② 6. ④

7. 카페 라떼와 카페 카푸치노에 대한 설명으로 옳은 것은?

① 2가지 메뉴 모두 반드시 거품이 들어간다.
② 카페 라떼는 우유와 우유 거품이 1:1로 들어간다.
③ 카페 카푸치노에 들어가는 데운 우유의 양이 더 많다.
④ 2가지 메뉴 모두 1잔의 에스프레소 커피가 들어간다.
⑤ 카페 카푸치노에는 전통적으로 시나몬 파우더가 들어간다.

8. 에스프레소 커피의 맛을 평가하는 순서로 옳은 것은?

① 향기 – 혀 전체의 맛 – 마지막 남는 맛
② 향기 – 혀 앞부분의 맛 – 혀 전체의 맛
③ 향기 – 혀 전체의 맛 – 혀 앞부분의 맛
④ 혀 앞부분의 맛 – 혀 전체의 맛 – 혀 뒷부분의 맛
⑤ 혀 앞부분의 맛 – 혀 좌우의 맛 – 혀 뒷부분의 맛

9. 커피의 생산지와 명칭의 연결이 옳은 것은?

① 인도네시아 – Mattari
② 콜롬비아 – Harrar
③ 에티오피아 – Mandheling
④ 브라질 – Santos
⑤ 자메이카 – Kilimanjaro

10. 다음 중 좋지 않은 맛과 향을 가져오는 커피콩에 해당하지 않는 것은?

① 과발효된 커피콩
② 크기가 작은 커피콩
③ 미성숙 블랙 커피콩
④ 곰팡이가 생긴 커피콩
⑤ 벌레구멍이 생긴 커피콩

11. 커피의 명칭으로 옳은 것은?

① Brew Coffee – 로스팅이 완료된 커피
② Coffee Bean – 습식법을 거친 커피
③ Ground Coffee – 분쇄된 볶은 커피
④ Roasted Bean – 정제과정이 완료된 커피
⑤ Whole Bean – 커피 열매

12. 에스프레소 커피는 다른 방식으로 추출된 커피에 비해 맛과 향이 농축되어 있는데, 이에 대한 설명으로 옳지 않은 것은?

① 미세한 분쇄로 성분이 농축되어 있다.
② 지방질이 향기 성분의 흡착을 높여 준다.
③ 지방질과 섬유질이 중후한 촉감을 느끼게 해 준다.
④ 여러 성분들이 농축되어 있어 향기를 보존해 준다.
⑤ 압력을 가해 지방질과 미세한 섬유질이 유화되어 있다.

정답 [사형] 7. ④ 8. ① 9. ④ 10. ② 11. ③ 12. ④

13. 커피체리의 수확에 대한 설명으로 옳지 않은 것은?

① 체리가 열매 상태로 완전히 건조되었을 때 수확한다.
② Stripping은 체리가 거의 골고루 다 익었을 때 수확한다.
③ 익은 체리만을 골라 따는 방식은 Picking이다.
④ Picking은 개화가 연중 내내 일어나는 지역에서 주로 이용된다.
⑤ 기계식 수확은 진동을 이용하여 수확한다.

14. 추출된 에스프레소 커피를 평가하는 방법으로 옳지 않은 것은?

① 맛과 향이 강할수록 좋다.
② 맛의 균형이 잡힌 에스프레소가 좋다.
③ 크레마는 황금색이나 황금빛이 감도는 것이 좋다.
④ 크레마가 3~5mm 정도 표면에 형성된 것이 좋다.
⑤ 추출되는 유속이 처음부터 끝까지 일정한 것이 좋다.

15. 에스프레소 커피 추출 순서로 맞는 것은?

① Leveling → Dosing → Tamping → Grinding
② Grinding → Leveling → Tamping → Dosing
③ Dosing → Leveling → Grinding → Tamping
④ Grinding → Dosing → Leveling → Tamping
⑤ Tamping → Leveling → Grinding → Dosing

16. 커피 메뉴를 만드는 커피조리사의 행동으로 옳은 것은?

① 포터필터는 보온 유지를 위해 기계 위에 보관한다.
② 기계 위는 보일러로 인하여 항상 따뜻하므로 잔의 물기를 말린다.
③ 스팀 노즐용 행주는 오염방지를 위해서 별도 용기에 올려놓고 사용한다.
④ 입이 닿는 잔의 윗부분을 손으로 감싸보아 따뜻하게 보온이 되었는지 확인한다.
⑤ 담긴 커피의 양이 많을 경우 포터필터 전체를 도저에 올려놓고 안전하게 제거한다.

17. 에스프레소 커피의 크레마에 대한 설명으로 옳지 않은 것은?

① 모든 커피 추출법에서 얻을 수 있다.
② 지방과 향 성분이 결합된 미세한 거품이다.
③ 기포나 흰점이 없고 농도가 짙고 지속성이 있는 것이 더 좋다.
④ 로부스타나 자연 건조방식을 이용한 커피에서 더 많이 생성된다.
⑤ 향을 오래 지속시키며 부드러운 촉감을 느끼게 한다.

18. 흔히 비엔나 커피로 불리며, 커피에 크림을 올린 오스트리아 전통 커피 메뉴는 무엇인가?

① Caffè Latte ② Milk Coffee
③ Milch Kaffee ④ Café au Lait
⑤ Kaffe Einspänner

정답 [사형] 13. ① 14. ① 15. ④ 16. ③ 17. ① 18. ⑤

19. 우유에서 단맛을 내며 사람에 따라 소화가 잘 되지 않는 원인이 되는 성분은?

① 유당 ② 비타민
③ 카제인 ④ 칼슘
⑤ 지방

20. 커피생콩에 열을 가함으로써 얻을 수 있는 효과에 대한 설명으로 옳지 않은 것은?

① 맛과 향을 발현해 낸다.
② 맛과 향을 유지시켜 준다.
③ 마시는 커피로 만들어 준다.
④ 쉽게 분쇄할 수 있도록 한다.
⑤ 커피 추출을 원활하게 할 수 있게 한다.

21. 로스팅의 주요 반응인 메일라드 반응(Maillard Reaction)에 대한 설명으로 옳지 않은 것은?

① 환원당과 아미노산이 상호 반응한다.
② 효소에 의해 반응하는 효소적 반응이다.
③ 여러 가지 맛과 향 성분을 형성하는 과정이다.
④ 초기, 중간, 최종단계를 거쳐 갈색 고분자물질을 형성한다.
⑤ 색깔이 갈색으로 변하기 때문에 갈변화 현상이라고도 한다.

22. 그라인더 분쇄 굵기를 변경해주어야 하는 경우가 아닌 것은?

① 추출액 양의 변화 시
② 날씨에 따른 습도 변화 시
③ 다른 종류의 커피콩 사용 시
④ 개봉한 지 오래된 커피 사용 시
⑤ 볶은 정도가 다른 커피 사용 시

23. 커피를 블렌딩(Blending) 하는 방법에 대한 설명으로 옳지 않은 것은?

① 블렌딩 전 추구하고자 하는 맛과 향을 먼저 결정한다.
② 지속적으로 공급될 수 있는 커피콩을 선택하는 것이 좋다.
③ 콩의 특성에 맞는 로스팅 포인트를 염두에 두어야 한다.
④ 로스팅 후 블렌딩은 여러 번의 로스팅이 필요하고 재고가 없다.
⑤ 품질이 유사한 커피콩을 사용하면 맛과 향의 조화를 보다 쉽게 이룰 수 있다.

24. 볶은 커피의 산화에 대한 설명으로 옳지 않은 것은?

① 냉장 온도에서는 산화가 진행되지 않는다.
② 홀빈보다 분쇄커피가 훨씬 빨리 나타난다.
③ 개봉 후는 빠르게 향기가 휘발하고 산화된다.
④ 가장 중요한 요인은 산소와 수분, 온도, 빛 등이다.
⑤ 불포화지방산은 커피 안의 미세기공으로 유입되는 산소와 반응하여 산화된다.

25. 커피에 함유된 클로로겐산에 대한 설명으로 옳지 않은 것은?

① 로스팅에 의해 증가한다.
② 퀸산과 카페산이 결합된 형태이다.
③ 폴리페놀 성분으로 천연 항산화제이다.
④ 최근 체중감소 효과로 각광을 받고 있다.
⑤ 클로로겐산 분해 산물은 쓴맛과 신맛을 낸다.

정답 [사형] 19. ① 20. ② 21. ② 22. ① 23. ④ 24. ① 25. ①

26. 커피에 함유된 성분들 중에서 주요 생리 활성 성분을 갖고 있는 물질이 아닌 것은?

① 피리딘(Pyridines)
② 카페인(Caffeine)
③ 트리고넬린(Trigonelline)
④ 플라보노이드(Flavonoids)
⑤ 클로로겐산(Chlorogenic Acids)

27. 카페인에 대한 설명으로 옳지 않은 것은?

① 물과 유기용매 모두에 녹는다.
② 체내에서 대사물질로 축적된다.
③ 차에서는 테인(Theine)으로 불린다.
④ 인체 내에서 각성, 강심, 이뇨 등의 작용을 한다.
⑤ 매우 쓴맛으로 식물 내 천연살충제로 작용한다.

28. 반자동 머신에는 없지만 자동 머신에서 자석 성질의 휠이 회전하며 그룹헤드로 유입되는 물량을 계량하는 부품은?

① Flow Meter
② Steam Meter
③ Water Pressure Meter
④ Group Valve Meter
⑤ Boiler Steam Meter

29. 커피에 포함될 수 있는 성분 중에서 인체에 독성을 갖는 성분만을 〈보기〉에서 모두 고른 것은?

> (가) 오크라톡신(Ochratoxin)
> (나) 멜라노이딘(Melanoidins)
> (다) 아크릴아미드(Acrylamide)
> (라) 다환방향족탄화수소류(PAHs)

① (라)　　② (가), (다)
③ (나), (라)　　④ (가), (다), (라)
⑤ (가), (나), (다), (라)

30. 커피의 지질에 대한 설명으로 옳지 않은 것은?

① 로스팅에 의해 거의 변화가 없다.
② 포화지방산이 풍부하나 산화의 주요인이다.
③ 미량의 비타민 K가 항산화 활성을 나타낸다.
④ 대표적 Diterpene으로는 Cafestol과 Kahweol이 있다.
⑤ 전체적인 맛과 향을 나타내는 데 중요한 역할을 한다.

31. 볶은 커피에 함유되어 있는 휘발성 가스에 대한 설명으로 옳지 않은 것은?

① 지나치게 많으면 커피의 추출을 방해할 수 있다.
② 이산화탄소가 먼저 방출되고 이후 향 성분이 방출된다.
③ 잔존하는 가스의 양이 많을수록 갓 볶은 커피이다.
④ 로스팅 시 발생하여 배출되기 시작한다.
⑤ 이산화탄소와 향 성분을 포함한다.

정답 [사형] 26. ① 27. ② 28. ① 29. ④ 30. ② 31. ②

32. 커피 그라인더 분쇄기의 칼날 형태로 옳은 것만을 〈보기〉에서 모두 고른 것은?

(가) 평면형	(나) 원뿔형
(다) 드럼형	(라) 마름모형

① (라) ② (가), (다)
③ (나), (라) ④ (가), (나)
⑤ (가), (나), (다), (라)

33. 에스프레소 커피기계를 최초로 제작한 나라는?

① 독일 ② 벨기에
③ 스위스 ④ 이탈리아
⑤ 네덜란드

34. 추출 시 물과 커피와의 관계에 대한 설명으로 옳지 않은 것은?

① 물의 온도는 88~96℃가 좋다.
② 물의 온도가 높을수록 쓴맛이 강해진다.
③ 다크 로스트일수록 가용 성분이 적어진다.
④ 사용되는 물은 약간의 미네랄이 함유된 것이 좋다.
⑤ 강하게 볶을수록 물의 온도를 높여 주는 것이 좋다.

35. 에스프레소 기계의 구성 중 보일러에 장착되어 있는 부품이 아닌 것은?

① 히터 ② 헤드필터
③ 필터바스켓 ④ 스크린필터
⑤ 필터고정 스프링

36. What do you call the green coffee beans that have been stored for more than two years after harvesting?

① Past Crop ② Old Crop
③ Aged Bean ④ New Crop
⑤ Current Crop

37. 에스프레소머신의 포터필터(Porter Filter)를 구성하는 것이 아닌 것은?

① 스파우트 ② 헤드필터
③ 필터바스켓 ④ 스크린필터
⑤ 필터고정스프링

38. 갑작스런 단수에 의해 커피기계에서 발생할 수 있는 현상으로 옳은 것만을 〈보기〉에서 모두 고른 것은?

(가) 스팀압력 상승
(나) 워터펌프 굉음
(다) 커피 추출수압 저하
(라) 플로 미터 휠 속도 증가

① (라) ② (가), (다)
③ (나), (다) ④ (가), (나), (다)
⑤ (가), (나), (다), (라)

정답 [사형] 32. ④ 33. ④ 34. ③ 35. ② 36. ② 37. ② 38. ③

39. 워터펌프(Water Pump)의 주요 기능으로 옳은 것만을 〈보기〉에서 모두 고른 것은?

> (가) 보일러의 물 보충
> (나) 스팀 노즐 분사압 전달
> (다) 커피 추출 시 압력 전달
> (라) 기계의 내부 온도 상승화

① (라)　② (가), (다)
③ (나), (라)　④ (가), (나), (다)
⑤ (가), (나), (다), (라)

40. 스팀 노즐에서 스팀이 새어나오는 현상이 발생할 때 유지관리에 대한 설명으로 옳은 것은?

① 스팀 완드팁을 교체한다.
② 스팀 완드의 내부를 청소한다.
③ 온수 스팀 보일러의 스팀을 높인다.
④ 온수 스팀 보일러의 스팀을 낮춘다.
⑤ 스팀 보디 내부의 스팀 개스킷을 교체한다.

41. 손님으로부터 커피 잔에 커피찌꺼기가 많이 나왔다는 지적을 받았다. 이때 커피 조리사가 취해야 할 행동으로 가장 적절한 것은?

① 커피 추출수온을 낮춘다.
② 커피 추출수압을 낮게 한다.
③ 분쇄커피의 입자를 굵게 한다.
④ 분쇄커피의 입자를 가늘게 한다.
⑤ 커피 그라인더 칼날의 마모 상태를 점검한다.

42. 올바른 커피조리사의 직무에 대한 설명으로 옳지 않은 것은?

① 좋은 커피 맛의 유지를 위해 청결에 힘쓴다.
② 사용하는 재료에 대한 유통기한을 지킨다.
③ 매장은 항상 깨끗하게 청소하고 수시로 정리 정돈해 둔다.
④ 커피는 신선도 유지를 위해 냉장 보관하며 사용 직전에 꺼내 사용한다.
⑤ 복장 등 개인위생에 철저하게 신경을 쓴다.

43. 커피 추출 시스템에서 연수기를 사용하는 이유가 아닌 것은?

① 커피머신의 성능 유지를 위해서
② 경도지수를 낮추기 위해서
③ 무기이온을 줄여주기 위해서
④ 물의 탁도를 높여주기 위해서
⑤ 커피의 맛에 좋은 영향을 주기 위해서

44. 다음에 해당하는 커피 추출 방법으로 옳은 것은?

> 에스프레소 추출방식과 유사하게 수증기 압력을 이용하여 커피 층에 물을 통과시켜 커피를 추출하는 방법으로 이탈리아의 가정에서 많이 사용되고 있다.

① 사이폰　② 모카 포트
③ 드립　④ 프렌치프레스
⑤ 에스프레소

정답 [사형] 39. ② 40. ⑤ 41. ⑤ 42. ④ 43. ④ 44. ②

45. 적은 양의 커피를 사용하여 정량의 물로 추출하였을 때 예상되는 것만을 〈보기〉에서 모두 고른 것은?

(가) 맛과 향의 부족	(나) 묽은 커피
(다) 풍부함 상실	(라) 얇은 연한 크레마

① (라) ② (가), (다)
③ (나), (라) ④ (가), (나), (라)
⑤ (가), (나), (다), (라)

46. 미네랄이 많은 물로 추출한 커피의 맛이 아닌 것은?

① 부정적인 맛이 강해진다.
② 떫은맛이 강해진다.
③ 불륨감이 강해진다.
④ 고유의 맛을 느끼는 데 방해된다.
⑤ 부드러운 맛이 살아난다.

47. 에스프레소 커피의 추출속도를 결정할 때 가장 크게 영향을 미치는 요소는?

① 탬핑하는 압력
② 커피의 분쇄 굵기
③ 커피의 로스팅 정도
④ 사용되는 물의 온도
⑤ 분쇄하는 칼날의 종류

48. 커피의 신선도를 살리기 위해 그린 빈을 볶은 후 바로 에스프레소 추출에 사용하였다. 예상되는 현상으로 옳지 않은 것은?

① 맛과 향이 부족하다.
② 풍부한 맛이 약해진다.
③ 크레마가 빨리 사라진다.
④ 신선한 맛과 향이 풍부해진다.
⑤ 가용 성분의 추출이 어려워진다.

49. 추출된 에스프레소 커피의 평가에 대한 설명으로 옳지 않은 것은?

① 부드럽고 강할수록 좋다고 평가한다.
② 향이나 뒷맛이 풍부하고 길수록 좋다고 평가한다.
③ 맛의 균형이 잡힌 에스프레소가 좋다고 평가한다.
④ 기포나 흰점이 있는 크레마를 좋다고 평가한다.
⑤ 황금빛이 나는 짙은 갈색의 크레마를 좋다고 평가한다.

50. 에스프레소 커피를 만드는 데 반드시 필요한 요소가 아닌 것은?

① 적합한 분쇄 굵기
② 좋은 품질의 커피
③ 강한 탬핑과 태핑
④ 세팅된 에스프레소기계
⑤ 숙련된 커피조리사의 기술

정답 [사형] 45. ⑤ 46. ⑤ 47. ② 48. ④ 49. ④ 50. ③

51. 탬핑(Tamping)의 가장 중요한 목적에 대한 설명으로 옳은 것은?

① 진한 커피 향의 추출을 위해
② 풍부한 크레마의 발생을 위해
③ 정량의 분쇄커피를 채우기 위해
④ 물과의 접촉 표면적을 늘리기 위해
⑤ 고른 밀도에 의한 균일한 추출을 위해

52. 에스프레소 기계 스팀 완드의 청소가 반드시 이루어져야 할 때는 언제인가?

① 스티밍 전과 후
② 매장을 마치면서
③ 일과 후 1일 점검 때
④ 점심시간과 쉬는 시간
⑤ 매장 오픈 후 커피기계 예열 직후

53. 그라인더 유지 관리에 대한 설명으로 옳지 않은 것은?

① 도저는 청소솔과 마른 행주로 청소한다.
② 칼날은 청소용 솔로 청소한다.
③ 분쇄입자가 일정하지 않으면 칼날을 교체한다.
④ 사용 후에는 호퍼와 도저에 커피를 남겨 향을 지속시킨다.
⑤ 호퍼 내벽에 쌓이는 기름은 세척 후 건조하여 사용한다.

54. 연수기의 수명이 다했을 때 관리하는 방법으로 옳은 것은?

① 구연산을 넣는다.
② 새 연수기로 교환한다.
③ 필터를 염소로 소독한다.
④ 천연소금(NaCl)을 넣는다.
⑤ 필터를 물로 깨끗이 씻는다.

55. Caffe Lungo에 대한 옳은 설명만을 〈보기〉에서 모두 고른 것은?

> (가) Double 에스프레소
> (나) 추출량은 20~25 mL
> (다) 크레마는 연한 갈색
> (라) 추출시간은 20~30초

① (다)　② (가), (다)
③ (나), (라)　④ (가), (나), (다)
⑤ (가), (나), (다), (라)

56. 다음 커피 메뉴 중에서 양이 가장 적은 메뉴는 무엇인가?

① 카페 모카　② 카페 콘파냐
③ 카페 라떼　④ 카페 마끼아또
⑤ 카페 에스프레소

57. 카페 메뉴를 결정하고자 할 때 고려할 내용으로 옳지 않은 것은?

① 원가 수익성
② 식재료의 다양성
③ 고객의 필요와 욕구
④ 식재료 구입의 용이성
⑤ 메뉴의 다양성과 매력성

정답 [사형] 51. ⑤ 52. ① 53. ④ 54. ④ 55. ① 56. ⑤ 57. ②

58. 다음 중 커피조리사의 행동으로 가장 적절한 것은?

① 우유 거품을 80℃로 만들어 카페 카푸치노를 만들었다.
② 15g의 분쇄된 커피로 카페 에스프레소를 두 잔 만들었다.
③ 커피기계에서 사용되는 추출수 온도를 70~88℃로 추출하였다.
④ 한 잔의 카페 에스프레소를 만들기 위해서 스팀 보일러를 1.5 bar로 맞추었다.
⑤ 두 잔의 카페 카푸치노를 조리할 때 에스프레소 커피 위에 각각 100mL, 150mL의 우유를 넣어 제공하였다.

59. 커피 추출 시 추출 패드의 불빛이 깜빡거리는 원인만을 〈보기〉에서 모두 고른 것은?

> ㈎ 높은 추출 수압
> ㈏ 굵은 분쇄 입자
> ㈐ 플로 미터의 오작동
> ㈑ 포터필터 필터바스켓 막힘

① ㈑ ② ㈎, ㈐
③ ㈐, ㈑ ④ ㈎, ㈏, ㈐
⑤ ㈎, ㈏, ㈐, ㈑

60. What do you call the mixing of various types of coffee to satisfy consumers' specific requests and tastes?

① Roasting ② Blending
③ Flavoring ④ Harmony
⑤ Smelling

정답 [사형] 58. ② 59. ③ 60. ②

아형 커피조리사 2급

1. 일반적으로 그린 커피 빈의 품질을 평가하는 기준으로 옳지 <u>않은</u> 것은?

① 콩이 균일할수록 고품질이다.
② 결점콩의 수가 적을수록 고품질이다.
③ 콩의 색상이 녹색을 띨수록 고품질이다.
④ 콩의 크기가 클수록, 그리고 밀도가 높을수록 고품질이다.
⑤ 일교차가 큰 고산지대에서 재배된 콩이 더 고품질이다.

2. 콜롬비아 커피에 관한 설명으로 옳지 <u>않은</u> 것은?

① 습식 건조 가공이 일반적이다.
② 커피농부는 카페테로라고 불린다.
③ 생산고도에 따라 등급을 구분한다.
④ 마일드 커피의 대명사로 알려져 있다.
⑤ 주로 고지대 아라비카 커피를 생산한다.

3. 아라비카 종을 주로 재배하는 국가는?

① 인도　　② 콩고
③ 필리핀　　④ 베트남
⑤ 인도네시아

4. 커피의 전파 순서로 옳은 것은?

① 에티오피아 – 예멘 – 인도 – 브라질
② 예멘 – 에티오피아 – 인도 – 인도네시아
③ 예멘 – 터키 – 인도네시아 – 네덜란드
④ 에티오피아 – 예멘 – 인도네시아 – 터키
⑤ 에티오피아 – 예멘 – 터키 – 네덜란드

5. Which of the following refreshing coffee menu items can be made with ice?

① Caffè Moch
② Caffè Americano
③ Caffè Mochaccino
④ Caffè Latte Macchiato
⑤ Caffè Cappuccino Freddo

6. 용어와 설명의 연결이 옳지 <u>않은</u> 것은?

① Flat Bean : 열매 안에 두 개의 씨앗을 가진 것
② Peaberry : 열매 안에 한 개의 씨앗만을 가진 것
③ Green Bean : 커피 씨앗으로 흔히 커피콩으로 부름
④ Parchment Bean : 부드러운 과육에 싸인 커피 씨앗
⑤ Coffee Cherry : 여러 겹의 껍질에 둘러싸인 씨앗을 가진 커피열매

7. 60 Kg 포대에 담은 그린 커피 빈의 보관에 대한 설명으로 옳지 <u>않은</u> 것은?

① 수분 함유량은 12%로 유지하는 것이 바람직하다.
② 높은 습기는 콩의 팽창, 곰팡이, 발효 등의 원인이 된다.
③ 포대는 외부 습기나 냄새의 유입이 차단되는 재질을 사용한다.
④ 온도 20℃ 이하와 상대습도 40~60%에서 1년 이상 저장이 가능하다.
⑤ 호흡작용으로 열과 수분을 발생시켜 맛과 향 관련 성분을 변질시킨다.

정답 [아형] 1. ④ 2. ③ 3. ① 4. ⑤ 5. ⑤ 6. ④ 7. ③

8. What is used when cleaning or reconditioning the water softner?

① K ② Ca
③ Cu ④ NaCl
⑤ Ni

9. 에스프레소 커피의 크레마 층이 너무 얇은 이유가 아닌 것은?

① 분쇄커피가 너무 굵다.
② 커피 추출시간이 29초이다.
③ 커피 추출압력이 너무 낮다.
④ 커피를 추출한 지 오래되었다.
⑤ 잔이 식어서 커피온도가 낮아졌다.

10. 커피콩의 점액질(Mucilage)에 대한 설명으로 옳지 않은 것은?

① 0.5~2.0 mm의 두께로 파치먼트에 붙어 있다.
② 점액질 제거과정에서 환경오염이 발생할 수 있다.
③ 가공법은 모두 기본적으로 점액질 제거가 이루어진다.
④ 투명하고 매우 미끄러우며 펙틴과 당류로 구성되어 있다.
⑤ 점액을 제거하는 방법은 발효와 세척을 통해서 이루어진다.

11. 커피의 휘발성 성분에 대한 설명으로 옳지 않은 것은?

① 800여 가지의 성분들로 이루어져 있다.
② 다양한 열분해 반응에 의해 생성된다.
③ 로스팅 완료 후에도 지속적으로 손실된다.
④ 탄산가스의 50% 정도는 로스팅 과정에서 방출된다.
⑤ 대부분은 향기 성분이고 탄산가스를 일부 포함한다.

12. 블렌딩 과정에서 가장 중요하게 고려되어야 할 것은?

① 맛의 개성 ② 원가의 절감
③ 품질의 동일성 ④ 판매의 용이성
⑤ 재고관리의 용이성

13. Which type of coffee brewer is used to brew coffee by boiling ground coffee in water?

① Drip coffee Make
② French Press
③ Mocha Pot
④ Siphon
⑤ Turkish Coffee Pot

14. 그린 커피 빈의 로스팅 과정에 대한 설명으로 옳지 않은 것은?

① 로스팅은 건조, 열분해, 냉각단계로 진행된다.
② 2차례의 Crack이 발생한다.
③ 커피의 향과 맛에 관계된 성분들이 생성된다.
④ 발열반응 후 흡열과정으로 이어진다.
⑤ 수분과 이산화탄소가 방출된다.

정답 [아형] 8. ④ 9. ② 10. ③ 11. ⑤ 12. ③ 13. ⑤ 14. ⑤

15. 저온 장시간 로스팅에 비해 고온 단시간 로스팅의 특징에 대한 설명으로 옳은 것은?

① 콩의 크기와 밀도가 커진다.
② 콩의 크기와 밀도가 작아진다.
③ 가용성 성분의 추출이 더 불리하다.
④ 가용성 성분의 추출이 더 용이하다.
⑤ 동일한 볶음 정도에서는 크기, 밀도, 추출 성분이 동일하다.

16. 볶은 커피의 맛과 향이 저하되는 이유에 대한 설명으로 옳지 않은 것은?

① 홀빈보다 분쇄커피가 훨씬 빨리 나타난다.
② 포장을 개봉한 후에는 빠르게 향기가 휘발된다.
③ 냉동 상태로 보관하면 산화가 진행되지 않는다.
④ 가장 중요한 요인은 산소와 수분, 온도, 빛이다.
⑤ 불포화지방산은 산소와 반응하여 쉽게 변질된다.

17. 껍질로부터 분리된 커피콩이 SHB 또는 SHG로 표시되었다면, 등급분류 기준은?

① 불량콩에 따른 등급분류
② 향미평가에 따른 등급분류
③ 재배고도에 따른 등급분류
④ 커피콩 크기에 따른 등급분류
⑤ 커피콩의 크기와 불량콩에 따른 등급분류

18. 디카페인 커피(Decaffeinated Coffee)에 대한 설명으로 옳지 않은 것은?

① 디카페인 공정은 커피를 볶기 전에 실시된다.
② 초임계 추출법으로 카페인의 선택적 추출이 가능하다.
③ 용매 추출법은 벤젠 등의 유기용매로 카페인을 제거한다.
④ 물 추출법은 안전하고 경제적이므로 가장 많이 사용된다.
⑤ 제거과정에서 맛과 향 성분의 손실이 발생하고 쓴맛이 거의 없다.

19. 볶은 커피의 변패에 대한 설명으로 옳지 않은 것은?

① 커피 맛과 향의 손실과 산화 등을 말한다.
② 강하게 볶은 커피가 더 서서히 산화된다.
③ 포장 내 소량의 산소로도 완전히 산화될 수 있다.
④ 홀빈일 때보다 분쇄커피일 때 빠르게 산화된다.
⑤ 산소가 주된 원인이나 수분과 온도에 더 빠르게 산화된다.

20. 열에 불안정하고 로스팅에 의해 열분해되어 Niacin과 Flavor 성분을 생성하는 쓴맛을 내는 성분은 무엇인가?

① 카페인(Caffeine)
② 유기산(Organic Acid)
③ 트리고넬린(Trigonelline)
④ 클로로겐산(Chlorogenic Acids)
⑤ 유리아미노산(Free Amino Acid)

정답 [아형] 15. ④ 16. ③ 17. ③ 18. ⑤ 19. ② 20. ③

21. 커피의 음용이 인체에 미치는 일반적인 영향으로 옳지 않은 것은?

① 각성 효과 ② 이뇨작용
③ 위액 분비 ④ 항산화 효과
⑤ 혈당수치 상승

22. 커피 블렌딩에 대한 설명으로 옳지 않은 것은?

① 조건이 다른 커피를 조화시키는 과정이다.
② 같은 맛을 얻기 위해 특정 원산지의 커피에 집중한다.
③ 일반적으로 품질을 향상시키기 위함이다.
④ 커피의 특징과 소비자의 취향에 따라 개성을 살릴 수 있다.
⑤ 제품의 품질을 균일하게 유지하기 위함이다.

23. 전통적인 카푸치노 커피에 대한 설명으로 옳지 않은 것은?

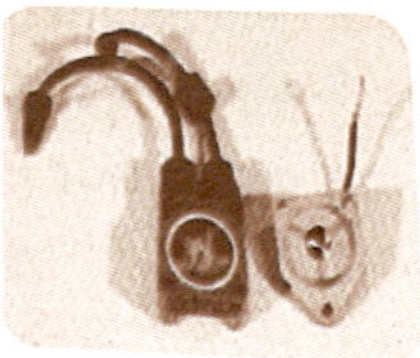

① 최적 용량은 250 mL에서 280 mL이다.
② 마시기 적당한 온도는 55~65℃이다.
③ 우유거품으로 모양과 형태를 다양하게 만들 수 있다.
④ 카푸치노 커피에 다른 어떤 부재료의 첨가도 허용되지 않는다.
⑤ 에스프레소 커피 한 잔과 데워진 우유와 우유거품이 균형 잡힌 커피음료이다.

24. 오른쪽 그림에 대한 설명으로 옳은 것은?

① 커피 추출압력을 조절한다.
② 커피 추출수량을 조절한다.
③ 분쇄커피 배출량을 조절한다.
④ 온수의 흐름을 조절한다.
⑤ 스팀압력을 조절한다.

25. 상업적으로 이용되는 커피를 3대 원종으로 분류할 때 로부스타 품종이 속하는 종(Species)에 해당하는 것은?

① Coffea Arabica
② Coffea Robusta
③ Coffea Canephora
④ Coffea Libericas
⑤ Coffea Mild Arabica

26. 다음 용어에 대한 설명으로 옳은 것은?

① 도저 (Doser) – 분쇄된 커피가 담기는 통이다.
② 개스킷 (Gasket) – 포터필터에서 바스켓이 빠지지 않도록 잡아주는 역할을 한다.
③ 넉 박스 (Knock Box) – 커피를 보관하는 통이다.
④ 탬퍼 (Tamper) – 필터바스켓에 정량의 분쇄된 커피를 담는 레버이다.
⑤ 스파우트 (Spout) – 헤드필터에 접촉하는 포터필터의 가장자리 부분을 말한다.

정답 [아형 21. ⑤ 22. ② 23. ① 24. ③ 25. ③ 26. ①

27. 다음 중 전체 커피향기(Bouquet)를 구성하는 향기에 해당하지 않는 것은?

① Fragrance　② Nose
③ Cup Aroma　④ Aftertaste
⑤ Caramelly

28. Select the element(s) which may influ－ence caffeine contents of coffee?

> (가) Stranins of Coffee
> (나) Brewing Methods
> (다) Brewing Time　(라) Water Temperature

① (라)　② (가), (다)
③ (나), (라)　④ (가), (나), (다)
⑤ (가), (나), (다), (라)

29. 에스프레소 커피기계에 설치된 연수기와 정수기에 대한 설명으로 옳지 않은 것은?

① 수돗물의 염소냄새는 연수기로 제거한다.
② 연수기는 천연소금을 첨가하여 유지관리한다.
③ 물을 최적의 상태로 만들어 주는 역할을 한다.
④ 정수기의 필터는 자주 교체하여 유지관리한다.
⑤ 경수를 오랫동안 사용할 경우 부품을 망실시킬 수 있다.

30. 에스프레소기계의 그룹헤드(Group Head)에 대한 설명으로 옳지 않은 것은?

① 추출수가 공급되는 부분이다.
② 청결과 유지관리가 필요하다.
③ 포터필터가 장착되는 부분이다.
④ 두꺼운 재질로 항상 예열되어 있다.
⑤ 개스킷과 포터필터를 포함하는 부분이다.

31. 에스프레소 기계에서 워터펌프 (Water Pump)의 주요 기능으로 옳은 것만을 〈보기〉에서 모두 고른 것은?

> (가) 보일러의 물 보충
> (나) 스팀 노즐 분사압 전달
> (다) 커피 추출 시 압력 전달
> (라) 기계의 내부 온도 상승화

① (라)　② (가), (다)
③ (나), (라)　④ (가), (나), (다)
⑤ (가), (나), (다), (라)

32. 에스프레소기계에서 워터펌프압력과 보일러의 스팀압력을 보여주는 장치에 해당하는 것은?

① Pressure Gauge
② Water Level Gauge
③ Pump Pressure
④ Group Valve
⑤ Boiler Steam Pressure

정답 [아형] 27. ⑤ 28. ④ 29. ① 30. ⑤ 31. ② 32. ①

33. 에스프레소 커피기계를 다룰 때, 스팀 노즐의 청소가 반드시 이루어져야 할 때는 언제인가?

① 매장 오픈 후 커피기계 예열 직후
② 점심시간과 쉬는 시간
③ 매장을 마치면서
④ 스티밍 전과 후
⑤ 일과 후 1일 점검 때

34. 다음 추출기구 중에서 일반적으로 사용하는 분쇄입자의 크기가 굵은 순서부터 나열된 것은?

① 프렌치프레스 – 터키식 – 사이폰 – 모카 포트 – 에스프레소
② 터키식 – 프렌치프레스 – 모카 포트 – 사이폰 – 에스프레소
③ 터키식 – 에스프레소 – 모카 포트 – 사이폰 – 프렌치프레스
④ 프렌치프레스 – 사이폰 – 모카 포트 – 에스프레소 – 터키식
⑤ 사이폰 – 프렌치프레스 – 모카 포트 – 에스프레소 – 터키식

35. 다음 중 가장 높은 온도에서 커피 추출이 이루어질 것으로 예상되는 추출 방법은?

① 드립 추출 ② 더치 추출
③ 터키식 추출 ④ 에스프레소 추출
⑤ 프렌치프레스 추출

36. 커피의 향기 중에서 커피를 마실 때 가장 마지막에 느낄 수 있는 향기에 해당하는 것은?

① Frangrance ② Aroma
③ Nose ④ Aftertaste
⑤ Bouquet

37. 커피를 마실 때 입안에서 느낄 수 있는 촉감(Mouthfeel)에 관한 용어로 옳지 <u>않은</u> 것은?

① Smooth ② Creamy
③ Buttery ④ Heavy
⑤ Balance

38. 다음 중에서 볶은 커피콩의 맛과 향의 저하가 가장 빠르게 진행되는 것은?

① 호퍼 안에 담긴 홀빈커피
② 도저 안에 담긴 분쇄커피
③ 밀폐된 통에 담긴 홀빈커피
④ 질소가스 충전으로 포장된 분쇄커피
⑤ 밀폐된 병에 냉장 보관된 분쇄커피

39. 커피의 신맛에 대한 설명으로 옳지 <u>않은</u> 것은?

① 주로 유기산에서 기인한다.
② 클로로겐산은 신맛에 기여한다.
③ 추출변수의 영향을 거의 받지 않는다.
④ 아라비카 종이 로부스타 종보다 강하다.
⑤ 라이트 로스트일 때 다크 로스트보다 강하다.

정답 [아형] 33. ④ 34. ④ 35. ③ 36. ④ 37. ⑤ 38. ② 39. ③

40. 커피 추출에 사용하는 물에 대한 설명으로 옳지 않은 것은?

① 냄새나 염소 성분이 없는 물이어야 한다.
② 물의 온도는 로스팅 정도에 따라 달라져야 한다.
③ 150 ppm 이상의 경수는 커피 맛을 쓰게 느껴지게 한다.
④ 150 ppm 이하의 연수는 신맛과 마일드한 맛을 낸다.
⑤ 칼슘, 마그네슘 이온들은 탄닌과 결합하여 맛과 향을 저하시킨다.

41. 로스팅에 의해 나타나는 화학적 작용과 관련이 없는 것은?

① 캐러멜화 작용
② 알킬화 작용
③ 메일라드 작용
④ 스트레커 작용
⑤ 효소에 의한 갈변작용

42. 다음 중 로스팅에 의해서 가장 많이 감소되는 성분을 고르면?

① 탄수화물 ② 수분
③ 무기질 ④ 지방
⑤ 단백질

43. 커피 추출이 늦어지는 원인을 해결하기 위한 설명으로 옳지 않은 것은?

① 펌프압력을 조금 높인다.
② 추출수량을 조금 늘린다.
③ 커피 담는 양을 조금 줄인다.
④ 다지기를 조금 약하게 한다.
⑤ 조금 굵게 분쇄되도록 그라인더를 조절한다.

44. 에스프레소 커피의 크레마에 대한 설명으로 옳지 않은 것은?

① 기포나 흰점이 없어야 한다.
② 농도가 짙고 촉감이 부드러운 것이 좋다.
③ 지방 성분과 향 성분이 결합된 미세한 거품이다.
④ 강볶음보다 중간볶음 커피가 색상이 더 진하다.
⑤ 로부스타 커피가 많이 사용된 커피에서 풍부하게 나온다.

45. 커피 그라인더 칼날을 청소하는 방법으로 옳은 것은?

① 연성세제가 희석된 물에 담가 놓는다.
② 물에 적신 솔을 이용하여 청소한다.
③ 물기 없는 청소용 솔을 이용하여 청소한다.
④ 연수기로 정제한 물로 세척한다.
⑤ 칼날의 마모를 예방하기 위해서 분무기로 분사시켜서 청소한다.

46. 커피 추출과정에서 항상 데워져 있어야 하는 것은?

(가) 잔	(나) 탬퍼
(다) 포터필터	(라) 그룹헤드

① (라) ② (가), (다)
③ (나), (라) ④ (가), (나), (라)
⑤ (가), (나), (다), (라)

정답 [아형] 40. ④ 41. ② 42. ② 43. ② 44. ④ 45. ③ 46. ④

47. The Hopper needs to be cleaned regularly. Which of the following is the main reason for this cleaning?

① Silver skin ② Coffee Oil
③ Temperature ④ Moisture
⑤ Wasted Coffee Grounds

48. 커피조리사가 커피 추출시간을 측정하고자 할 때 언제부터 측정하는 것이 바람직한가?

① 추출 버튼을 누를 때
② 그룹헤드에서 물흘림할 때
③ 커피를 분쇄하여 포터필터에 담을 때
④ 그룹헤드에서 포터필터를 분리할 때
⑤ 커피가 포터필터 추출구에서 떨어질 때

49. 분쇄에 대한 설명으로 옳지 않은 것은?

① 추출하기 직전에 분쇄하는 것이 좋다.
② 추출법에 맞는 적합한 분쇄가 필요하다.
③ 물이 커피입자와 접촉하는 표면적을 넓히는 과정이다.
④ 분쇄를 통해서 커피의 고형 성분이 물에 쉽게 녹을 수 있다.
⑤ 풍부한 커피 맛을 위해서는 분쇄입자 크기가 다양한 것이 좋다.

50. 그라인더 레버를 당겨 분쇄된 일정량의 커피를 포터필터에 받는 동작을 무엇이라고 하는가?

① Dosing ② Grinding
③ Tamping ④ Packing
⑤ Tapping

51. 에스프레소 커피의 성분이 너무 많이 추출되었을 때 예측되는 원인은?

① 추출수압이 높았다.
② 분쇄커피가 너무 적었다.
③ 추출수의 온도가 낮았다.
④ 추출속도가 너무 느렸다.
⑤ 분쇄커피가 너무 굵었다.

52. 다음에서 설명하는 용어는 무엇인가?

> 에스프레소 커피의 윗부분에 3~4 mm 정도 떠 있는 거품층을 말한다. 수용성 및 불용성 물질이 높은 압력에 의해 뜨거운 수증기가 유입되어 밀려나오면서 커피오일, 가스, 복합적인 향성분들이 결합하여 생성된 미세한 기포형태의 물질이다. 즉, 탄소산화물이다.

① Esprsso ② Crema
③ Lungo ④ Flavor
⑤ Ristretto

53. 카푸치노 커피에 대한 설명으로 옳지 않은 것은?

① 에스프레소 커피 한 잔과 우유, 우유거품이 조화되어 있다.
② 전통적인 용량은 5~6oz이다.
③ 손잡이가 달린 도자기 잔에 서비스된다.
④ 커피와 우유 외에 부재료의 첨가는 기본적으로 허용되지 않는다.
⑤ 카푸치노 커피는 항상 모양과 형태가 일정해야 한다.

정답 [아형] 47. ② 48. ① 49. ⑤ 50. ① 51. ④ 52. ② 53. ⑤

54. 커피에 사용되는 설탕에 대한 설명으로 옳지 않은 것은?

① 커피 맛을 완화하고 감미롭게 한다.
② 황설탕은 당도가 높아 가장 많이 사용된다.
③ 아이스커피에는 시럽의 형태로 사용하면 좋다.
④ 에스프레소 커피에 설탕을 첨가할 때 넣는 순서는 맛에 영향을 미칠 수 있다.
⑤ 흑설탕은 특유의 향을 가지고 있기 때문에 진한 단맛과 감칠맛을 내고 싶을 때 사용한다.

55. 크레마를 통한 에스프레소 추출에 대한 평가로 옳지 않은 것은?

① 색상이 연한 것은 추출속도가 너무 빨랐기 때문이다.
② 황금빛으로 균일하게 덮인 것은 적절하게 추출된 것이다.
③ 색상이 너무 진한 것은 물의 온도가 너무 높았기 때문이다.
④ 오래된 커피를 사용할 경우 좋은 크레마는 기대할 수 없다.
⑤ 크레마가 없는 것은 내추럴로 가공한 커피를 사용했기 때문이다.

56. 식품 조리 시 교차오염이 발생하는 경우가 아닌 것은?

① 손 씻기가 부적절할 경우
② 맨손으로 식품을 취급할 때
③ 식품 쪽으로 기침을 할 경우
④ 칼, 도마 등을 혼용하여 사용할 경우
⑤ 조리나 기구세척 등을 별도의 구역에서 할 경우

57. 에스프레소 추출을 위한 담기(Dosing)와 다지기(Tamping)과정에서 가장 중요한 점은?

① 분쇄량　② 탬핑 압력
③ 고른 밀도　④ 탬퍼 사이즈
⑤ 태핑(Tapping)

58. 다음 중 데미타세(Demitasse)에 담아내는 전통 커피 메뉴가 아닌 것은?

① Caffè Latte　② Caffè Espresso
③ Caffè Macchiato　④ Caffè Ristretto
⑤ Caffè Conpanna

59. 커피 메뉴에 사용되는 크림(Cream)에 대한 설명으로 옳지 않은 것은?

① 동물성 크림은 유크림으로 만든 것이다.
② 생크림(Fresh Cream)은 순수한 우유의 유지방 100%이다.
③ 유지방 함량이 낮을수록 안정된 상태의 거품을 얻을 수 있다.
④ 거품을 내어 쓰기 때문에 휘핑크림(Whipping)이라고도 한다.
⑤ 식물성 크림은 식물성 유지가 전체 혹은 부분적으로 포함된 것이다.

60. 식품첨가물의 사용 목적으로 가장 먼 것은?

① 변질을 방지하기 위해서
② 질병에 대한 예방을 위해서
③ 기호성을 향상시키기 위해서
④ 품질 개량이나 유지를 위해서
⑤ 식품 가공성을 개선하기 위해서

정답 [아형] 54. ② 55. ⑤ 56. ⑤ 57. ③ 58. ① 59. ③ 60. ②

찾아보기

ㅇ

ㅈ

ㅊ

ㅋ

ㅌ

ㅍ

ㅎ

숫자 및 영어

참고 문헌

박영배, "커피"&"바리스타", 백산출판사, 2014.
전광수, "기초 커피바리스타", 백산출판사, 2014.
최성일, "커피트레이닝 바리스타", 땅에쓰신, 2014.
권장하, "커피문화 발자취", 미스터커피, 2005.
허영만, "커피 스클 팜", 파 스, 2010.
한국커피교육협의회, 아라비안, 2011.
한국커피교육연구회, 아카데미, 2014.
월간 Coffee & Tea, 2004년 01~04.

www. flick.com
www. joongang.co.kr
www. JeonsCoffee.co.kr

Luis Noberto Pascoal, *Aroma of Coffee,* Fundacao Educa, 2002
Peter Lummel, *Kaffee be bra-verlag,* 200

필자 소개

석 창 권

- 순천향대학교 관광경영학 박사
- 일본 UCC Acadeny Special Basic 수료
- 일본 신호 가베 Roasting & Hand Drip 수료
- 유럽 SCAE Barista Level 1 자격증 취득
- 한국음료산업연구원 바리스타 필기/실기 심사위원
- 나사렛대학교 평생교육원 바리스타 교수
- 나사렛대학교 평생교육원 카페창업마스터 주임교수

이 지 영

- 세종대학교 관광대학원 박사
- 일본 UCC Acadeny Special Bacic 수료
- 한국음료산업연구원 바리스타 심사위원
- 한국평생능력개발원 바리스타 1급 자격증 취득
- 현) 청주대학교 출강

석 지 훈

- 세종대학교 관광대학원 석사
- 대한민국 육군 중위 전역
- 일본 신호가베 Hand Drip 수료
- 유럽 SCAE Barista Level 1자격증 취득
- 한국음료산업연구원 커피바리스타 심사위원

Coffee Barista

에센스 **커피바리스타**

2017년 9월 1일 초판 인쇄
2017년 9월 5일 초판 발행

지은이 석창권 · 이지영 · 석지훈

펴낸이 주 병 오

발행처 지구문화사
JIGU PUBLISHING Co.

경기도 파주시 회동길 209
파주출판문화도시

마케팅부 (031) 955－7566
편집부 (031) 955－7731
FAX (031) 955－7730

독자의견 전화 (031) 955－7577
홈페이지 www.ji-gu.co.kr
이메일 profjangchoon@hanmail.net
등록번호 1979년 7월 13일 제 9－57호

ISBN 978－89－7006－829－9 값 18,000원